Würzburger Vorträge zur Rechtsphilosophie, Rechtstheorie und Rechtssoziologie

Herausgegeben von Horst Dreier und Dietmar Willoweit

Begründet von Hasso Hofmann, Ulrich Weber und Edgar Michael Wenz †

Heft 42

Agostino Carrino

Das Recht zwischen Reinheit und Realität

Hermann Cohen und die philosophischen Grundlagen der Rechtslehre Kelsens

Nomos

Vortrag gehalten am 30. Juni 2010.

Die Deutsche Nationalbibliothek verzeichnet diese Publikation in der Deutschen Nationalbibliografie; detaillierte bibliografische Daten sind im Internet über http://dnb.d-nb.de abrufbar.

ISBN 978-3-8329-6848-9

1. Auflage 2011

Inhaltsübersicht

Die Sterne sind nicht am Himmel gegeben, sondern in der Wissenschaft der Astronomie.
Hermann Cohen

Wie jede Erkenntnis muß auch die Rechtserkenntnis ihren Gegenstand formalisieren.
Denn gerade in diesem Formalismus liegt dasjenige,
was man als Tugend dem als Laster verpönten Formalismus entgegenhält:
liegt ihre Sachlichkeit.
Hans Kelsen

I. Reinheit und Methode in Hermann Cohens Neukantianismus

1. Zur Bedeutung Hermann Cohens

Das philosophische Denken Cohens – des sicherlich bedeutendsten Vertreters des Neukantianismus – stellt zweifellos den Versuch dar, in der antiphilosophischen Epoche des triumphierenden Positivismus dem philosophischen Denken Wert und Autonomie zurückzugeben, jenseits einer bloßen philologischen Kant-Exegese oder einer "Rückkehr zu Kant",[1] auf die einige das Werk Cohens reduzieren wollten oder immer noch wollen, ein Werk, das sicherlich, wie Dussort bemerkt, «der Sache der Philosophie gedient hat zu einem Zeitpunkt, da die Idee der Philosophie selbst fast in Mißkredit geraten schien».[2] Umso mehr, wenn es

1 Zu den vielfältigen "Rückgängen auf Kant" vgl. H. Dussort, *L'école de Marbourg*, Paris 1963, S. 29-59; T.E. Willey, *Back to Kant. The Revival of Kantianism in German Social and Historical Thought*, Detroit 1978. Die Rückkehr zu Kant gründet sich nach E. Kaufmann, *Kritik der neukantischen Rechtsphilosophie. Eine Betrachtung über die Beziehungen zwischen Philosophie und Rechtswissenschaft*, Tübingen 1921, S. 5 f., auf die Idee, daß der apriorische Rationalismus Kants «einen Halt (schien) bieten zu können gegenüber der überwuchernden, alles verschlingenden Empirie des immer komplizierter und unübersehbarer werdenden modernen Lebens, seiner ungebändigten Stofflichkeit und den daraus folgenden Gefahren des Materialismus oder des Relativismus. (…) Dazu kam ein Zweites. Die rationale apriorische Gesetzlichkeit wurde als eine formale gefaßt; und dieser formale Rationalismus war der Zeit gerade wegen seiner Inhaltsleere willkommen. Denn dadurch brauchte er die Spezialwissenschaften in ihrer Bearbeitung der empirischen Stoffe und Inhalte nicht zu stören».
Erinnert sei aber auch Heideggers Urteil, wonach für die Rückkehr zu Kant nach 1850 bestimmend war, daß der Philosophie, nachdem die Einzelwissenschaften alle Gebiete des Wißbaren erobert hatten, nichts mehr blieb als «nur noch Erkenntnis der Wissenschaft, nicht des Seienden»: M. Heidegger, *Kant und das Problem der Metaphysik* (1929), in: *Gesamtausgabe*, Band 3, hrsg. v. F.-W. von Herrmann, Frankfurt a. M., 1991, S. 274. Aus der wachsenden Literatur zu Cohen nenne ich als erschöpfendes Werk G. Edel, *Von der Vernunftkritik zur Erkenntnislogik: die Entwicklung der theoretischen Philosophie Hermann Cohens*, Freiburg 1988. Vgl. auch K.C. Köhnke, *Entstehung und Aufstieg des Neukantianismus. Die deutsche Universitätsphilosophie zwischen Idealismus und Positivismus*, Frankfurt 1986 (und darüber hinaus G. Gigliotti, *Avventure e disavventure del trascendentale*, Napoli 1989).

2 Dussort, *L'école* (Fn. 1), S. 23.

wahr ist, daß die moderne Logik, wie Cassirer 1922 schreibt, wie die Logik Platons «eine Logik der wissenschaftlichen Erkenntnis (...) insbesondere Logik der Mathematik und der mathematischen Naturwissenschaften» geblieben ist.[3] Und ganz neu sind die Stimmen, die sich überzeugt zeigen, daß die Perspektive des Neukantianismus, im besonderen diejenige Cohens, «der bedeutsamste Ausdruck des westeuropäischen Denkens ist», insofern als seine Grundidee, die Idee der Menschheit, «die unwiderlegbare und unleugbare Wahrheit» darstellt, «die ihre Verwirklichung in der Epistemologie, Ethik und Ästhetik findet».[4] Eine These, die bemerkenswert ist, da sie von einem amerikanischen Philosophen stammt, die jedoch, wie sich zeigen soll, die unleugbaren Aporien des Neukantianismus und des Denkens Cohens nicht in Rechnung stellt. Dessen Philosophie verdient jedenfalls dem Vergessen entrissen zu werden, dem sie durch die Verbrennung seiner Bücher auf den Scheiterhaufen der Nazis geweiht war; ein Faktum übrigens, das man nicht übersehen darf, wenn man das Schicksal dieses Autors in der Zeit nach dem 2. Weltkrieg richtig einzuschätzen sucht, als es schwer war, seine Schriften, die im antisemitischen Fanatismus fast alle zu Asche wurden, auch nur zu finden.

2. Mathematische Reinheit als Fundament des Denkens

Gründete sich Kants Begriff der Erkenntnis bekanntlich auf die Synthese von Verstand und Sinnlichkeit, d.h. von kategorialen Formen und Inhalten der Erfahrung der äußeren Welt, so ist für Cohen Erkenntnis Synonym für Prinzip, d.h. für Ursprung in einem mathematisch-formalen

3 E. Cassirer, *Die Begriffsform im mythischen Denken* (1922), jetzt in: *Wesen und Wirkung des Symbolbegriffs*, Darmstadt 1983, S. 4. «Es ist Hermann Cohens unvergängliches Verdienst, daß er diese Linie der Entwicklung zuerst mit voller Sicherheit gezeichnet und daß er sie ins hellste Licht geschichtlicher und systematischer Erkenntnis gerückt hat»: *ibidem*. Die Entwicklung der Philosophie Cohens schildert Edel, *Vernunftkritik* (Fn. 1).

4 W. Kluback, *The Idea of Humanity. Hermann Cohen's Legacy to Philosophy and Theology*, New York 1987, S. VII.

Sinn: «Denken ist Denken des Ursprungs».[5] Aber es ist klar, daß das Denken dies nur sein kann, wenn es selbst Ursprung, Prinzip ist, nicht "Medium" zwischen Erkenntnis und Erkenntnisobjekt, sondern selbst Ursprung der Objektivität: «Das Sein ruht nicht in sich selbst; sondern das Denken erst läßt es entstehen. Nicht was ist, ist das Sein, sondern was war, macht das Sein aus. Nicht in die Vergangenheit etwa wird dadurch das Sein zurückversetzt; sondern auf einen Ursprung seiner selbst soll es verwiesen werden. Und wo könnte dieser Ursprung, der jenseits des Seins liegen soll, anders liegen als im Denken?».[6] Cohen, wie der Neukantianismus im allgemeinen, untersucht das Sein nur "modo obliquo", nur, sofern es *prädiziert wird.*[7]

Das Ursprungsproblem bringt uns unmittelbar zum problematischen Kern der Philosophie Cohens. Wenn das Denken der Ursprung ist, dann ist es das "Fundament", und zwar das einzig mögliche: «Dem Ursprung darf nichts gegeben sein. Das Prinzip ist Grundlegung in buchstäblicher Genauigkeit. Der Grund muß Ursprung werden. Wenn anders das Denken im Ursprung das Sein zu entdecken hat, so darf dieses Sein keinen, keinerlei andern Grund haben, als den das Denken ihm zu legen vermag. Als Denken des Ursprungs erst wird das reine Denken wahrhaft».[8] Für

5 H. Cohen, *Logik der reinen Erkenntnis*, 2. Aufl., Berlin 1904, reprint Hildesheim-New York 1977, S. 36.

6 Cohen, *Logik* (Fn. 5), S. 31.

7 Vgl. H. Oberer, *Transzendentalsphäre und konkrete Subjektivität* (1969), in: H.-L. Ollig (Hrsg.), *Materialien zur Neukantianismus-Diskussion*, Darmstadt 1987, S. 112: «Damit war das Problem des Verhältnisses von Denken und Sein eindeutig zugunsten des Denkens entschieden. Sein stand nur "oblique" zur Erörterung, nur sofern es prädiziert wird». Es ist klar, so hat W. Bauer, *Wertrelativismus und Wertbestimmtheit im Kampf um die Weimarer Demokratie*, Berlin 1968, S. 83, bemerkt, daß, auch wenn «der Dualismus zwischen Sein und Sollen, der Moral gegenüber der Natur (...) zwar im Kritizismus seine Wurzel» hat, sich Kant aber «auf die Entsubstantialisierung der Seinswelt, des Seins» beschränkte, «während der Neukantianismus dieses Verfahren in Form der Urteilsbildung auf den Sollensbereich ausdehnt. So wird jedes Sein ausgeschlossen, und die Moral durch die Logik des Sollens ersetzt. Die "Verdrängung der Transzendenz durch das Transzendentale" im Rechtsbegriff ist das eigentliche philosophische Thema Kelsens, der damit den "Triumph des reinen Denkens gegenüber dem Gegenstande", wie Marck treffend sagt, repräsentiert». Vgl. auch S. Marck, *Substanz- und Funktionsbegriff in der Rechtsphilosophie*, Tübingen 1925, S. 1, 7 ff. und passim.

8 Cohen, *Logik* (Fn. 5), S. 36.

Cohen ist das Sein Sein des Denkens und folglich ist das Denken, als Denken des Seins, «Denken der Erkenntnis».[9]

Nun erschiene es nicht illegitim, Cohens Gleichsetzung von Denken und Erkennen eine quasi-hegelianische Konnotation ontologischer Art zu geben, und sein Denken hat gewiß einen stark «idealistischen Zug».[10] Cohen hat andererseits jedoch keine Zweifel, daß die Ursprungslogik in keiner Weise eine Logik des Seins ist, sondern eine Logik der Geltung,[11] «Logik der reinen Erkenntnis»,[12] sodaß die unmittelbare Beziehung zwischen Logik und Erkennen bewirkt, daß «nicht eine andere Disziplin, eine andere Untersuchungsart der Logik zur Seite gegeben werden» darf.[13] Es ist in der Tat kein Zufall, daß sein Begriff der Logik, wie Cassirer feststellt, eng mit dem des Unendlichen in der Mathematik zusammenhängt; Cusanus aufgreifend behauptet auch Cohen: «nihil certi habemus in nostra scientia nisi nostram mathematicam».[14]

Tatsächlich ist die Reinheit, von der Cohen spricht – und die zusammen mit Husserl einige Rechtsphilosophen und insbesondere Hans Kelsen so sehr beeinflußt hat[15] –, nichts anderes als der absolute Formalismus der

9 Cohen, *Logik* (Fn. 5), S. 15: «Das Sein ist Sein des Denkens. Daher ist das Denken, als Denken des Seins, Denken der Erkenntnis».

10 G. Hohenauer, *Der Neukantianismus und seine Grenzen als Gesellschafts- und Rechtsphilosophie*, in: Blätter für deutsche Philosophie 2 (1928/29), S. 313. In der Tat, Hegel und Cohen sind sich darin einig, daß der Staat die höchste Ausdrucksform der Sittlichkeit darstellt. Vgl. auch M. Bienenstock, *Cohen face à Rosenzweig. Débat sur la pensée allemande*, Paris 2009, S. 8 f.

11 Die Logik der Geltung, so hat Oberer, *Transzendentalsphäre* (Fn. 7), S. 114, festgestellt, «entfaltet sich in kompromißloser Reinheit als Lehre von den Wechselverhältnissen und –funktionen reiner apriorischer Begriffe».

12 Cohen, *Logik* (Fn. 5), S. 12.

13 Cohen, *Logik* (Fn. 5), S. 37.

14 Cohen, *Logik* (Fn. 5), S. 32.

15 A. Carrino, *Die Normenordnung. Staat und Recht in der Lehre Kelsens*, Wien-New York 1998. Zur Diskussion um die Frage wie stark der Einfluß des Neukantianismus auf die Reine Rechtslehre einzuschätzen ist vgl. auch G. Winkler, *Rechtstheorie und Erkenntnislehre. Kritische Anmerkungen zum Dilemma von Sein und Sollen in der Reinen Rechtslehre*, Wien-New York 1990, S. 33 ff.; C. Heidemann, Geltung und Sollen: einige (neu-)kantianische Elemente der Reinen Rechtslehre Hans Kelsens, in: R. Alexy u.a. (Hrsg.), *Neukantianismus und Rechtsphilosophie*, Baden-Baden 2002,

Mathematik, das heißt einer autonomen Gesetzlichkeit.[16] Es ist dieser Begriff der Reinheit, der paradoxerweise aus Cohens Idealismus einen «wahren Realismus»[17] macht, in dem die Logik der reinen Erkenntnis zur «Grundlage des Systems»[18] wird, sofern sie «transzendentale Methodologie der mathematischen Naturwissenschaft»[19] ist. Cohens Rückgang auf die Mathematik bedeutet nur die Betonung des wahren und eigentlichen "Prototyps" jeder Wissenschaft, sodaß das Fundament selbst, der "Ursprung", mit der Einheit von Logik und Wissenschaft zusammenfällt: «Die Schöpferkraft des Denkens kann (...) nur von der Logik erst zur Offenbarung gebracht werden. Nur im Zusammenhang mit der Wissenschaft, mit dem Prototyp der Wissenschaften entdeckt die Logik die Eigenart und den Eigenwert des Denkens»,[20] seine Konstitutivität, das Faktum, daß die Gegenstände uns nur im Erkennen gegeben sind: «Alle unsere Erkenntnisse vom Sein der Gegenstände hängen aber von den Prinzipien ab, auf denen die Geltung unserer Erfahrungserkenntnis beruht»,[21] und dies ist eigentlich der Kern aller kriti-

S. 203 ff.; U. Neumann, *Wissenschaftstheorie der Rechtswissenschaft bei Hans Kelsen und Gustav Radbruch. Zwei "neukantianische" Perspektiven*, in: S.L. Paulson u. M. Stolleis (Hrsg.), *Hans Kelsen. Staatsrechtslehrer und Rechtstheoretiker des 20. Jahrhunderts*, Tübingen 2005, S. 35 ff.

16 Vgl. E. Winter, *Ethik und Rechtswissenschaft. Eine historisch-systematische Untersuchung zur Ethik- Konzeption des Marburger Neukantianismus im Werke Hermann Cohens*, Berlin 1980, S. 191.

17 A. Lewkowitz, *Das Judentum und die geistigen Strömungen des 19. Jahrhunderts*, Breslau 1935, reprint Hildesheim-New York 1974, S. 119. Zur religiösen Bedeutung des Konzepts der "Reinheit" vgl. K. Löwith, *Philosophie der Vernunft und Religion der Offenbarung in H. Cohens Religionsphilosophie* (1972), in: Ollig, *Materialien* (Fn. 7), S. 329: «Ohne sein Judentum ist auch das von ihm so oft gebrauchte, scheinbar so klare Beiwort "rein", welches die drei Teile des Systems bezeichnet, nicht zu verstehen. Es bedeutet bei ihm etwas anderes als bei Kant, nämlich nicht nur Reinheit von empirischen Bedingungen, sondern Reinheit zu etwas und vor jemandem. Das Motto der Religion der Vernunft lautet: "Heil Euch, Israel! Wer reinigt Euch und vor wem reinigt Ihr selbst Euch? Es ist Euer Vater im Himmel"».

18 Cohen, *Logik* (Fn. 5), S. 601: «Die Einheitlichkeit des Systems fordert einen Mittelpunkt in dem Fundamente der Logik. Dieses methodische Zentrum bildet die Idee der Hypothesis, die wir zum Urteil und zur Logik des Ursprungs entwickelt haben».

19 Winter, *Ethik* (Fn. 16), S. 191.

20 Cohen, *Logik* (Fn. 5), S. 23. Vgl. H. Lübbe, *Politische Philosophie in Deutschland. Studien zu ihrer Geschichte*, Basel/ Stuttgart 1963, S. 89 ff.

21 Winter, *Ethik* (Fn. 16), S. 192.

schen Argumentation: ohne seinen Aufweis wäre ein Abgleiten weder in die Psychologie noch in die Skepsis noch in den Mystizismus zu vermeiden. Voraussetzung der Philosophie ist also für Cohen das Faktum der Wissenschaft,[22] der Naturwissenschaft, deren Organon die Mathematik ist.

3. Primat der Relation: der neukantianische Systemgedanke bei Cohen

Gerade die "Dinge" sind daher für Cohen ein bloßes "Vorurteil" angesichts der Ursprünglichkeit des Denkens und seiner "Erkenntnisart": die Logik der reinen Erkenntnis, schreibt er, befreie uns vor allem «von dem Vorurteil der Dinge; von dem falschen Anfang mit den Dingen (...) Die Gegebenheit von Dingen darf uns nicht berücken, als ob sie den unumgänglich richtigen Anfang der Untersuchung bildete; als ob man schlechterdings an diese Gegebenheit, als an die unerläßliche Gewissheit, anknüpfen müsste. Die Reinheit lehrt dagegen: nicht die Dinge sind das Erste, worauf die Untersuchung der Dinge selbst, sowie die auf den Wert dieser Erkenntnis gerichtete, zu achten hat; sondern die Erkenntnis von den Dingen, sofern sie in einer Wissenschaft gegeben ist, muss allemal das Erste sein. Nicht also die Dinge, sondern die wissenschaftlichen Erkenntnisse sucht die Reinheit klarzustellen. Dadurch erst können die Dinge selbst festgestellt werden. Sie sind nur scheinbar gegeben. Die Reinheit erst bringt sie an den Tag. Nur im Dämmerlichte des Problems und des Vorwurfs scheinen sie gegeben zu sein».[23] Jede Berufung auf ein bloß "Gegebenes" sollte wegfallen, weil für Cohen, wie Cassirer bemerkt hat, der Vorrang «der Aktivität vor der Passivität, des Selb-

22 «Das Faktum der Wissenschaft bildet eines der entscheidenden Probleme der Philosophie Hermann Cohens. Von der Interpretation dieses Faktums hängt die Bedeutung der transzendentalen Methode und somit die gesamte systematische Konzeption der Formen des Wissens ab»: so G. Gigliotti, *Ethik und das Faktum der Rechtswissenschaft bei Hermann Cohen*, in: H. Holzhey (Hrsg.), *Ethischer Sozialismus. Zur politischen Philosophie des Neukantianismus*, Frankfurt a.M. 1994, S. 166.

23 H. Cohen, *Ethik des reinen Willens*, 2. Aufl., Berlin 1907, reprint Hildesheim-New York 1981, S. 93.

ständig-Geistigen vor dem Sinnlich-Dinglichen (...) rein und vollständig durchgeführt werden» sollte.[24]

Man kann sicherlich feststellen, daß Cohens Versuch der Ausarbeitung eines philosophischen Systems, das zwar (auch) von Kant ausgehen, ihn aber überwinden und die Aporien des Kritizismus zeigen und lösen sollte, faktisch unvollendet geblieben ist oder besser: daß auch er sich in unlösbare Widersprüche verwickelt und jedenfalls bald die intrinsischen Grenzen eines bestimmten Philosophiebegriffes sichtbar gemacht hat;[25] das ändert nichts daran, daß Kant für Cohen immer nur einen unter vielen Bezugspunkten, zusammen mit Plato und Pythagoras, Cusanus und Leibniz, dargestellt hat. Einen erklärtermaßen problematischen Bezugspunkt übrigens.

Cohen führt Kants Werk fort, indem er, in der Epoche der Krise der Philosophie als eines autonomen Feldes theoretischen Denkens, den Wert und den fundamentalen Kern des Kritizismus im Systemgedanken entdeckt. Für ihn bildet Kants Philosophie ein System, ja aufgrund seiner Art und Bestimmung ein auf den Begriff der Kritik der reinen Vernunft als Methodologie von allgemeiner Gültigkeit und Anwendbarkeit begründetes *einheitliches* System. Kants Philosophie bildet eine untrennbare, unauflösliche "Einheit", die Kant selbst jedoch in der Totalität des Wissens: über die Naturwissenschaften, die physische Welt hinaus auch auf dem Gebiet der Ethik, des Wollens, des Geistes nicht zu bewahren und zu erhalten wußte. In der Epoche des Positivismus, der Zentralität und Expansivität der Naturwissenschaft stellt sich die Wiederaufnahme der Problematik Kants für Cohen als Frage nach der Wissenschaft, nach einer einheitlichen wissenschaftlichen Methodologie.[26] «Für mich», schreibt Cohen 1877, «heißt Kants Begründung der Ethik, heißt kantische Philosophie nichts anderes denn Philosophie als Wissenschaft. Und

24 E. Cassirer, *Hermann Cohen. Worte gesprochen an seinem Grabe am 7. April 1918*, in: H. Holzhey (Hrsg.), *Hermann Cohen*, Frankfurt a.M. 1994, S. 70 f.

25 Eine detaillierte Kritik des Neukantianismus findet sich bei M.A. Cattaneo, *Metafisica del diritto e ragione pura. Studio sul "platonismo giuridico" di Kant*, Milano 1984. Vgl. auch U. Sieg, *Aufstieg und Niedergang des Marburger Neukantianismus*, Würzburg 1994.

26 Vgl. J. Klein, *Die Grundlegung der Ethik in der Philosophie Hermann Cohens und Paul Natorps - eine Kritik des Neukantianismus*, Göttingen 1976, S. 25 ff.

die Wissenschaft muß wohl eine Dogmatik sein, aber sie ist kein Dogma und beschränkt sich nicht auf die Sammlung von Dokumenten. Die Wissenschaft ist die Idee des Systems».[27] Wissenschaft, Methode, Einheit, System, Reinheit: dies sind einige der fundamentalen und inspirierenden Begriffe des ganzen Werks Cohens, dessen Angelpunkt das Prinzip der Auflösung von "Substanz" in funktionale "Relation",[28] in reine Dynamik, kontinuierliches Handeln ist. Wer Kelsens Betonung des Vorrangs der Methodologie und der Form gegenüber dem Inhalt kennt, wird sehr leicht Cohens Einfluß auf die reine Rechtslehre erkennen. Aber es ist noch an ein anderes grundlegendes Konzept zu erinnern, das für ein Verständnis Cohens zentral ist, weil es theoretische und praktische Philosophie gerade auf der Ebene der Einheit und der systematischen Methodologie vermittelt: an den Begriff der *Allheit*.

4. Allheit und Reinheit: der Rechtsstaat als Form des Ethischen

Der Begriff der Allheit spielt in Cohens Ethik eine grundlegende Rolle. In der Perspektive seiner politischen Philosophie soll er den Begriff der Gemeinschaft ersetzen, der, wie Winter bemerkt, nach Cohen nicht «das Hauptproblem der Ethik, den ethischen Begriff des Menschen, die Korrelation von Individuum und Allheit, angemessen auszudrücken vermag»; vielmehr beschreibt er «wesentlich "irrationale" Besonderheiten, nämlich affektiv-traditionale Verbindungen».[29] Der Begriff der Gemeinschaft scheint Cohen nicht geeignet, den ethischen Relativismus zu überwinden, sondern begründet ihn geradezu, sofern der Begriff als solcher eine Relativität meint. Die Gemeinschaft stellt eine bloße Mehrzahl

27 H. Cohen, *Kants Begründung der Ethik*, 1877, reprint Frankfurt a.M. 1978, S. IV.

28 Vgl. A. Loewenstein, *Der Rechtsbegriff als Relationsbegriff. Studien zur Methodologie der Rechtswissenschaft*, München 1915; S. Marck, *Substanz- und Funktionsbegriff in der Rechtsphilosophie*, Tübingen 1925; R. Treves, *Il diritto come relazione*, Torino 1934. In gewissem Sinne war für Kelsen Kants „Ding an sich" nur eine der letzten Formen des absterbenden Substanz-Begriffs.

29 Winter, *Ethik* (Fn. 16), S. 321.

dar gegenüber der *Genossenschaft*,[30] der die positive Bedeutung von "Allheit" entspricht. Für Cohen ist es ganz einfach eine, vielleicht von religiösen Traditionen beeinflußte[31] "Illusion", in der Gemeinschaft etwas Absolutes zu sehen.

Am Grunde von Cohens Ethik selbst stehen daher immer die Voraussetzungen der reinen Logik, jenes Formalismus, dem nur die *Form*, «die "reine Form" als das Klare, Bestimmte, Faßbare, Objektive erscheint; der "*Inhalt*" dagegen als das Unklare, Unbestimmte, Nichtfaßbare, Subjektive».[32] Aber die formale Auffassung der reinen Methode hindert nicht, daß in der Ethik Cohens eine formell-ethisierende Dimension[33] deutlich antreffbar ist, die nicht in Kelsens Rechtslehre bemerkbar ist: Geschichte, Staat, Recht und Gesellschaft sind für ihn allein in ethischen Begriffen[34] konzipierbar, umso mehr, als man Cohens gan-

30 Vgl. Lewkowitz, *Judentum* (Fn. 17), S. 123 ff. Cohens Konzept der Genossenschaft knüpft an Otto von Gierke an: vgl. Winter, *Ethik* (Fn. 16), S. 301 ff.

31 Vgl. A. Martinetti, *La religione della ragione di Hermann Cohen* (1933), in: *Scritti filosofici e religiosi*, Torino 1972, S. 164, 166, 175; Löwith, *Philosophie* (Fn. 17). «Wie Fichte gezwungen war, das reale Absolute zu bemühen, um das unendliche Ich im allgemeinen behaupten zu können, so kann auch Cohen den transzendentalen Charakter des Erkennens nicht untermauern ohne ihn auf den göttlichen Charakter des Denkens zu stützen. Das Denken ist dann nicht mehr ideale Grenze des Erkennens, allein gänzlich real, sondern wird zur realen Totalität, wo sich die idealen Grenzen des Erkennens abzeichnen. Der Idealismus geht über in Realismus und im kopernikanischen Positivismus hat das kopernikanische dem positiven Element Platz gemacht»: J. Vuillemin, *L'héritage kantien et la révolution copernicienne*, Paris 1954, S. 206.

32 W. Kägi, *Rechtsstaat und Demokratie. Antinomie und Synthese* (1953), in: U. Matz (Hrsg.), *Grundprobleme der Demokratie*, Darmstadt 1973, S. 136.

33 Für einen Vergleich der Ethik Cohens mit Plato und Hegel, insbesondere was den Staat als «Voraussetzung der Ethik» betrifft vgl. Hohenauer, *Neukantianismus* (Fn. 10), S. 314.

34 Cohen, *Ethik* (Fn. 23), S. 39 ff., 45, 65, 70 ff. «Das Recht muß das Recht des sittlichen Selbstes werden. Wahrhaftigkeit herrscht nur in dem Staat, in dem nicht die Klassen und Rassen, sondern der reine Wille der Allheit das Recht bestimmt»: W. Kinkel, *Hermann Cohen. Eine Einführung in sein Werk*, Stuttgart 1924, S. 232. Vgl. dazu auch H. Holzhey, *Die Transformation neukantianischer Theoreme in die Reine Rechtslehre Kelsens*, in: ARSP, Beih. 20 (1984), *Hermeneutik und Reine Rechtslehre* , S. 100 ff.: «In dieser moralischen Zielsetzung der ethischen Begründung von Recht und Staat zeigt sich die große Ferne zwischen Cohens und Kelsens Staatstheorie» (S. 110).

zes Werk als einen Versuch betrachten kann, das klassische Problem der Ethik zu lösen: die Vermittlung von Allgemein- und Einzelwillen.[35] So unterscheidet sich Cohens "Allheit" von Tönnies' "Gemeinschaft" durch die völlige Abwesenheit inhaltlicher und naturalistischer Bezüge. Die rein ideelle "Allheit", hebt sich, wie Lask feststellt, «als selbständige Einheit von ihrer diskreten, in sinnliche Einzelheiten zerfallenden Wirklichkeitsunterlage ab». Cohen gelangt vielmehr, «ganz im Sinne Hegels», zu der Überlegung, daß alle Partikularitäten «der bezwingenden Einheit des Staates»[36] unterworfen werden müßten. Der Einfluß der jüdischen legalistischen Tradition zeigt sich in der hohen ethischen Bedeutung des Gesetzes bei Cohen: «Die ethischen Handlungen des Staates selbst», kommentiert Lask, «vollziehen sich in den Gesetzen, die in ihrer Heiligkeit und ausnahmslosen Allgemeinheit als unersetzliche Leitbegriffe für das Selbstbewußtsein des reinen Willens zu gelten haben».[37] Cohens Ethik ist ein tendenziell starker Versuch der methodologischen Umkehrung der teleologisch orientierten Rechtswissenschaft durch den Entwurf einer reinen, gänzlich von aller psychologischen und/oder soziologischen Beimengung befreiten Methode. Die prinzipielle Trennung von Sein und Sollen, natürlicher Kausalität und idealer Normativität[38] soll eine rein normative Betrachtung des Rechts ermöglichen, eine wissenschaftliche Erkenntnis der Normen unabhängig vom umfassenden

35 Vgl. H. Holzhey, *Kelsens Rechts- und Staatslehre in ihrem Verhältnis zum Neukantianismus*, in: S. L. Paulson/ R. Walter (Hrsg.), *Untersuchungen zur Reinen Rechtslehre*, Wien 1986, S. 167-192.

36 E. Lask, *Rechtsphilosophie* (1905), in: *Gesammelte Schriften*, hrsg. von E. Herrigel, Tübingen 1923, Bd. 1, S. 304. Zum Verhältnis Lasks zur Philosophie Cohens, insbesondere was die Rechts- und Staatsphilosophie angeht, vgl. A. Carrino, *L'irrazionale nel concetto. Comunità e diritto in Emil Lask*, Napoli 1983, S. 25 ff., 153 ff. Die Hegel'sche Prägung der Philosophie Cohens wird besonders betont von A. Philonenko, *L'école de Marbourg. Cohen – Natorp – Cassirer*, Paris 1989, S. 77 ff. Vgl. auch H. Holzhey, *Neukantianismus und Sozialismus*, in: Ders., *Sozialismus* (Fn. 22), S. 33: «Hier besteht auch partielle Übereinstimmung mit Hegels Kritik an einer "moralisierenden subjektivistischen Auffassung von Wirklichkeit" (Iring Fetscher). So kann Cohen wohl die Vernünftigkeit des Wirklichen "geschichts-philosophisch" zugeben, nicht aber die Wirklichkeit des Vernünftigen; mit Kant gelte vielmehr: "was vernünftig ist, das ist nicht wirklich; sondern es soll wirklich werden».

37 Lask, *Rechtsphilosophie* (Fn. 36), ebd.

38 Cohen, *Ethik* (Fn. 23), S. 12 ff., 27 ff.

Prozeß der tatsächlichen Realisierung, Anwendung und systematischen Verflechtung.[39]

Das Recht ist ein halb geschlossenes System formaler Wertbedeutungen, das jeden Bezug auf die faktische Lebenswirklichkeit ausschließt. In dieser Sicht ist die Jurisprudenz «die Mathematik der Geisteswissenschaften»,[40] das Modell, nach dem die Objektivität der ethischen Werte zu begründen ist. Die zentrale Aufgabe der Ethik ist das Aufzeigen des Begriffs des Menschen in seiner Individualität. Es kann sich also nicht um einen Begriff der Psychologie oder Anthropologie handeln, die Begriffe vom Individuellen, nicht vom Universalen wären; und auch nicht um einen soziologischen Begriff, der nur die Summe der Einzelnen meinte. Soziologie, Psychologie und Anthropologie ausgeschlossen, glaubt Cohen diesen Begriff des Menschen in seiner Universalität in der Rechtswissenschaft auffinden zu können, genauer: in jenem Konstrukt der juristischen Person,[41] das die Rechtswissenschaft mittels eines rein formalen Willensbegriffes errichtet.

Denn der Begriff der juristischen Person bedeutet, daß der Wille mehrerer Personen «nicht als ein gespaltener Wille gilt; sondern dass in ihm und nur in ihm die echte Einheit des Willens, und demgemäss der Begriff des Rechtssubjekts zu seiner exakten Geltung gelangt».[42] Aber nicht nur auf den Begriff der juristischen Person baut Cohen seine auf die "Wissenschaft" des Rechts, auf das "Faktum" der Jurisprudenz gegründete Ethik. In der Jurisprudenz findet er auch eine ganze Reihe von grundlegenden Orientierungen und Anregungen für die Konstruktion des reinen ethischen Wertes: die Rechtshandlung und spezifischer: die Einheit des rechtlichen Handelns. An vielen Stellen[43] zeigt sich, daß Cohen in diesem Sinn von der «tiefgreifenden»[44] Bedeutung des Begriffs der Rechtshandlung für die Ethik des reinen Willens spricht. Es

39 Vgl. G. A. Wielikowski, *Die Neukantianer in der Rechtsphilosophie*, München 1914, S. 124.

40 Cohen, *Ethik* (Fn. 23), S. 66: «Das Analogon zur Mathematik bildet die Rechtswissenschaft. Sie darf als die Mathematik der Geisteswissenschaften, und vornehmlich für die Ethik als ihre Mathematik bezeichnet werden».

41 Cohen, *Ethik* (Fn. 23), S. 212-240.

42 Cohen, *Ethik* (Fn. 23), S. 230.

43 Cohen, *Ethik* (Fn. 23), S. 63-78, 175.

44 Wielikowski, *Neukantianer* (Fn. 39), S. 126.

ist dieser Begriff der Einheit, der bewirkt, daß es in der Ethik «keine Dinge und keine Gegenstände (gibt); die Handlung allein bildet hier das Problem des Inhalts und des Gegenstandes».[45]
Die Idee des Staates – verstanden als Allheit – stellt daher die «Apotheose» der Einheit der Totalität dar;[46] der Rechtsstaat ist, im Hinblick auf jeden historisch gegebenen und beschreibbaren Staat, eine Idee, «die als "ethischer Leitbegriff des Selbstbewußtseins" fungiert».[47] Mit Cohen erscheint das Recht nicht mehr als ein System von Vorstellungen und Begriffen gegebener Dinge oder Realitäten; das Recht wird zu einem System absolut neuer Einheiten, neuer Wertbedeutungen, die weder Realitäten noch Abstraktionen sind. Die Ethik verhält sich zur Rechtswissenschaft wie die Logik zur Mathematik und zur Naturwissenschaft. Wie die Logik die Voraussetzungen der Naturwissenschaften im reinen Bewußtsein findet, so findet die Ethik die Voraussetzung der Rechtswissenschaft im Begriff des reinen Willens: «die Ethik muss selbst als Rechtsphilosophie sich durchführen».[48] Die Ethik kann begriffen wer-

45 Cohen, *Ethik* (Fn. 23), S. 186. Vgl. G. Figal, *Recht und Moral bei Kant, Cohen und Benjamin* (1982), in: Ollig, *Materialien* (Fn. 7), S. 173: «Nur durch Gesetze wird die Handlung zu einer Einheit, und nur darin, daß sie Einheit ist, ist sie anders und mehr als das kontingente Gegenstände intendierende Tun einzelner Personen. Schließlich kann die Handlung nur in ihrer Einheit der selbsterzeugte Gegenstand der Ethik sein».

46 Cohen, *Ethik* (Fn. 23), S. 212. «Denn es gibt keine Gesinnung ohne Handlung; kein Individuum im ethischen Sinne ohne Rechtsgemeinschaft." schreibt Cohen, a.*.a.O.*, S. 225. «Die höchste Rechtsordnung aber bildet der Staat, er ist nichts anderes als der Inbegriff der die Verhältnisse der Individuen in ihrer Allheit regelnden Normen. Die Idee des Staates ist dem Einzelnen aufgegeben, weil er als sittliches Individuum rechtlich handelt, d.h. sich in seiner Gesetzgebung am Leitbegriff einer "allheitlichen" genossenschaftlichen Staatsverfassung orientiert»: Winter, *Ethik* (Fn. 16), S. 327.

47 Figal, *Recht* (Fn. 45), S. 175.

48 Cohen, *Ethik* (Fn. 23), S. 225. Cohen will die Rechtsphilosophie mit der Ethik verbinden und die Rechtswissenschaft so als Teil der Philosophie verstehen (*Ethik* [Fn. 23], S. 9). Wenn aber die Rechtswissenschaft zur Ethik zurückgehen muß, muß auch die Ethik zur Rechtswissenschaft zurückgehen: «Nicht allein das Recht ist von der Ethik abhängig, sondern auch die Ethik muß auf die Rechtswissenschaft zurückgehen, das Faktum einer Wissenschaft für die Fortführung der transzendentalen Methode in dieser erkennen. Bei solcher Orientierung der Ethik auf die Rechtswissenschaft dürften auch die Fehler vermeidbar werden, durch welche das Naturrecht und die Rechtsphilosophie den Widerspruch und Widerwillen der historischen, wie der

den nur im Ausgang von der Rechtswissenschaft, in der sie verwurzelt ist,[49] sofern das Material der Rechtswissenschaft der der Ethik eigentümliche Gegenstand ist.[50] Die Handlung ist Ausführung eines Willens, der allein in der Rechtswissenschaft weder als natürliches Datum noch als psychologisches Faktum betrachtet wird.[51] Der reine Wille hängt nicht von einem ihm äußerlichen Gegenstand ab, er ist Wille an sich oder konstituiert ebenso das Subjekt wie das Objekt des reinen Willens.[52] Der Begriff des ethischen Subjekts formt sich im Begriff der juristischen Person und der Begriff des Selbstbewußtseins im Staat als «Einheit von Subjekt und Objekt im Wollen».[53] Der reine Wille verwirklicht sich in Handlungen und der Staat realisiert die Setzung seines Selbstbewußtseins in der Gesetzgebung: der Wille des Staates gibt sich in den Gesetzen zu erkennen. Das Selbstbewußtsein des Staates verwirklicht und entwickelt sich folglich in den Gesetzen als seinen Handlungen. Das reine Wollen der Ethik, die als Staat sachlich geworden ist, «bedeutet im Cohen'schen Sinne das Sein des Sollens».[54]

systematischen Rechtswissenschaft herausgefordert haben»: Cohen, *Ethik* (Fn. 23), S. 228 f.

49 Cohen, *Ethik* (Fn. 23), S. 227: «Und wie die Physik sonach in der Logik wurzelt, so muss auch das Recht in der Ethik seine Wurzel haben; so muss daher auch aus der Rechtswissenschaft die Ethik ermittelt und in ihr begründet werden».

50 Cohen, *Ethik* (Fn. 23), S. 132.

51 Cohen, *Ethik* (Fn. 23), S. 105.

52 Cohen, *Ethik* (Fn. 23), S. 261.

53 Cohen, *Ethik* (Fn. 23), S. 245.

54 G. Hohenauer, *Neukantianismus* (Fn. 10), S. 315. Es ist zu betonen, daß bei Paul Natorp, einem anderen Vertreter des Marburger Neukantianismus, das Sollen stets auf das Sein hin zielt: «In aller Aussage eines Sollens ist schon ein Sein unvermeidlich mitgesetzt, und zwar dreifach. Erstens wird ein Sollen ausgesagt nur von einem Sein aus: über etwas, was ist, wird geurteilt, es solle oder sollte nicht sein, oder über etwas das nicht ist, es solle oder sollte nicht sein. Zweitens ist das Sollen selbst Forderung eines Seins oder Nichtseins, setzt also insofern, um selber verstanden werden zu können, den Sinn des Seins als verstanden voraus. Drittens auch, daß es solle (sein oder nicht sein) wird beurteilt als etwas, das sei» (P. Natorp, *Philosophie, ihr Problem und ihre Probleme. Einführung in den kritischen Idealismus*, Göttingen 1911, S. 32).

5. Der Ursprung im Denken: jenseits der Dualismen

Dies ist die transzendentale Methode,[55] auf die Hans Kelsen, ein anderer liberaler Jude aus der Schule aufklärerischen Denkens,[56] sich beruft. Sie unterscheidet sich vom Kantischen Ansatz durch eine Bestreitung des Dualismus von Vernunft und Sinnlichkeit. Für Cohen – und dies ist ein entscheidender Punkt für Kelsens Theorie – kann es eine universale, gültige Erkenntnis nur geben, wenn der Gegenstand des Erkennens durch das Denken, durch die transzendentale Methode bestimmt wird, wenn er aus ihm nach den dem Denken eigenen Funktionen hervorgeht: «Der Irrtum, daß man dem Denken Etwas geben dürfe, oder geben könne, was nicht aus ihm selbst gewachsen ist, wird durch das Vorurteil genährt, welches in dem Worte "gegeben" sich behauptet».[57] Cohens Neukantianismus beruft sich auf eine spezifische Platon-Interpretation, für die das, was bei Plato «wirklich existiert», nicht die Idee ist, vielmehr das von der Idee – verstanden nicht als Substanz, sondern als Methode und Hypothese – begründete Phänomen: «Dem Denken darf nur dasjenige als gegeben gelten, was es selbst aufzufinden vermag».[58] Dies ist die eigentümliche Bedeutung der "reinen Erkenntnis" bzw. der platonischen Idee, die nur die «plastische Bestimmtheit»[59] des reinen Erkennens ist, die ihren Anfang in sich selbst und nicht in etwas außerhalb des Denkens hat, wie Kant irrtümlich[60] geglaubt hatte. Dieser hatte das Denken als "Synthesis" bestimmt, aber nicht das Denken, sondern das Erkennen ist Synthese; der Zusammenhang von Denken und Anschau-

55 Gigliotti, *Ethik* (Fn. 22), S. 182.

56 Auch J. Habermas, *Der deutsche Idealismus der jüdischen Philosophen* (1961), jetzt in: *Philosophisch-politische Profile*, Frankfurt 1984³, S. 43 ff., stellt Cohen in die liberale Tradition der jüdischen Intellektuellen, die tief von der deutschen Aufklärung beeinflußt waren.

57 Cohen, *Logik* (Fn. 5), S. 81. Und so formuliert Kelsen, *Hauptprobleme der Staatsrechtslehre, entwickelt aus der Lehre vom Rechtssatze,* 2. Aufl., Tübingen 1923, S. XVII: «bewußte Konsequenz der erkenntnistheoretischen Grundeinstellung Cohens, der zufolge die Ekenntnisrichtung den Erkenntnisgegenstand bestimmt, der Erkenntnisgegenstand aus einem Ursprung logisch erzeugt wird».

58 Cohen, *Logik* (Fn. 5), S. 82.

59 Cohen, *Logik* (Fn. 5), S. 5.

60 Cohen, *Logik* (Fn. 5), S. 12.

ung konstituiert überhaupt keine Synthese – allein das Produkt jenes Zusammenhangs ist vielmehr Synthese: «Dieses aber schließt jeden entferntesten Schein der Zusammensetzung aus; denn es ist die Einheit. Synthesis ist Synthesis der Einheit. Und daß die Einheit den Gegensatz zu aller Art von Zusammensetzung bildet, das brauchte man nicht erst von Kant zu lernen; das hätte man von Leibniz lernen können».[61] Das Denken ist, mit anderen Worten, für Cohen wie für Hans Kelsen, souverän, sofern es die Einheit hervorbringt: «Die Erzeugung selbst ist das Erzeugnis».[62] «Das Denken kann, das Denken soll das Sein entdecken»,[63] genauer: den Ursprung des Seins, sodaß bei Cohen «die reinen Formen des Denkens einen nicht mehr logischen, sondern ontologischen Wert annehmen».[64] Das Denken ist «Denken des Ursprungs»[65] und der Ursprung liegt im Denken selbst: «Als Denken des Ursprungs erst wird das reine Denken wahrhaft»,[66] das heißt, es «nimmt das Problem der Letztbegründung als Problem der Selbstbegründung».[67] Es gibt für Cohen kein Objekt, das an und für sich eine spezifische Einheit unabhängig von der Erkenntnismethode hätte:[68] nur die Einheit des Urteils «vollzieht und gewährleistet die Einheit des Gegenstandes»[69] und daher die Einheit

61 Cohen, *Logik* (Fn. 5), S. 26.

62 Cohen, *Logik* (Fn. 5), S. 29. Mit seiner Lehre von der Produktivität des Denkens, so hat R. Treves, *Il fondamento filosofico della dottrina pura del diritto di Hans Kelsen*, Torino 1934, S. 23, festgestellt, «liefert Cohen Kelsens Lehre ihr theoretisches Fundament nicht nur, was den kritischen Teil betrifft, d.h. die Ausschaltung von Untersuchungen, die dem historischen Faktum oder dem metaphysischen Problem des Rechts gelten, sondern auch, und wesentlich, im Hinblick auf ihren konstruktiven Teil, d.h. für die Ersetzung des Kantischen Begriffs der Synthesis durch den der Produktion, der für Cohens System charakteristisch ist».

63 Cohen, *Logik* (Fn. 5), S. 31.

64 Treves, *Il diritto* (Fn. 28), S. 12.

65 Cohen, *Logik* (Fn. 5), S. 36.

66 Cohen, *Logik* (Fn. 5), S. 36.

67 Winter, *Ethik* (Fn. 16), S. 198.

68 «Einen Staat "an sich" gibt es für Kelsen nicht, jedenfalls nicht als ein der wissenschaftlichen Betrachtung vorgegebenes soziales Faktum oder normatives Substrat, das sich erst in einem zweiten Schritt einer soziologischen oder juristischen Analyse zu unterwerfen hätte»: H. Dreier, *Hans Kelsens Wissenschaftsprogramm*, in: "Die Verwaltung", Beiheft 7 (*Staatsrechtslehre als Wissenschaft*), Berlin 2007, S. 96.

69 Cohen, *Logik* (Fn. 5), S. 68. Wie Heidegger festgestellt hat, ist eine solche Auffassung der Erkenntnis, «die am Urteil, am Logos orientiert ist und deshalb zur Logik der

der Erkenntnis, d.h. die Einheit des Gewissens als «Ende des Systems».[70] Diese Einheit des Urteils – Einheit von Trennung und Einheit – ist für Cohen Aktivität, Relation. Die "Dinge" in ihrer Mannigfaltigkeit sind nicht übersetzbar in eine Mannigfaltigkeit der "Gegenstände", sondern im Gegenteil nur in die Einheit des Gegenstandes, so wie er von den immanenten Gesetzen des Denkens gegeben ist: «Der Empfindungsfaktor der Erfahrung spottet aller reinen Theorie; und das reine Denken geht verzweifelnd seines wissenschaftlichen Charakters verlustig, wenn es diesen anscheinenden Widerspruch nicht anerkennt, um ihn zu bewältigen».[71] Der «alte Gegensatz von Empfindung und Denken» ist für die Logik der reinen Erkenntnis nur ein Schein; die in der Empfindung «gegebenen» Gegenstände «werden lediglich als Mittel gedacht, neue Gegenstände der Forschung zu erobern».[72] Die Empfindung – die "Gegebenheit" des Gegenstands für das Bewußtsein – ist ein Instrument ohne eigenen theoretischen Wert und keinesfalls etwas Unvermitteltes trotz ihres "Anspruchs", von dem nur das rein theoretische Möglichkeitsurteil befreit.[73] Die Empfindung ist also allein «ein Fragezeichen»[74] und nach Cohens Interpretation des *Phaidon* (99e- 100b) und der Bücher VI und VII der *Politeia* ist das Besondere der Philosophie Platos, daß sie Reflexion auf die Wissenschaft seiner Zeit ist und «auf das Sicherste, was sie bietet, die Mathematik»[75] – genauer: das Problem der «Einheit der Wissenschaft».[76]

Erkenntnis wurde (...), und diese Orientierung der Wahrheit und des Seins an der Logik des Satzes (...) ein Hauptkriterium des Neukantianismus. Die Auffassung, dass Erkenntnis gleich Urteil ist, Wahrheit gleich Geurteiltsein gleich Gegenstaendlichkeit gleich geltender Sinn, wurde so beherrschend, dass selbst die Phaenomenologie von dieser unhaltbaren Auffassung der Erkenntnis infiziert wurde»: M. Heidegger, *Die Grundprobleme der Phaenomenologie* (1927), *Gesamtausgabe*. Bd. 24, hrsg. v. F.-W. von Herrmann, Frankfurt a. M. 1975, S. 286.

70 Vgl. C. Müller, *Die Rechtsphilosophie des Marburger Neukantianismus. Naturrecht und Rechtspositivismus in der Auseinandersetzung zwischen Hermann Cohen, Rudolf Stammler und Paul Natorp*, Tübingen 1994, S. 112 f.

71 *A.a.O.*, S. 401.

72 *A.a.O.*, S. 434.

73 *A.a.O.*, S. 448.

74 *A.a.O.*, S. 451.

75 Dussort, *L'école* (Fn. 1), S. 114.

6. *Positivismus oder Ungegenständlichkeit der Zwecke?*

Cohen ist bemüht, der Kontinuität der logischen und der moralischen Welt[77] eine systematische Begründung zu geben, um die Ethik wissenschaftlich betrachten zu können. Ein faktisch im wesentlichen fruchtloser Versuch, sei es, weil es eine wissenschaftliche Behandlung im strengen Sinn des Wortes nicht gibt, sei es, weil es – betrachtet man die Ethik mit Kant als eine Realität neuer Art (als Sein des Sollens) – nur schwer verständlich ist, wie zwei spezifisch verschiedene Realitäten, die Welt der Logik und die Welt der Moral, derselben wissenschaftlichen Methode unterzogen werden können. Cohen versucht, die Prinzipien und die Methode der theoretischen Vernunft auf das Feld der moralischen Freiheit auszudehnen, vergißt dabei jedoch, daß kulturelle Phänomene – also auch das Recht – auf eine ganz eigene Erfahrung verweisen, nicht auf die Erfahrung der äußeren Welt, sondern auf die Erfahrung der Welt der Freiheit: «die Erfahrung des Rechts ist zweifellos eine praktische Erfahrung und daher ist es ein Irrtum, die Kriterien der theoretischen Vernunft, die nur für theoretische Erfahrung gelten, auf diese praktische anzuwenden».[78] Die Aufgabe des reinen Willens kann dann nur als unendliche Aufgabe gedacht werden. Cohens Sollen ist mit anderen Worten ein ethisches, nicht juridifizierbares Sollen, das nicht wirklich "positiv" sein kann. Die Gerechtigkeit, mit der sich das rechtlich geordnete Handeln verbindet, findet ihre Quelle nicht in einem bestimmten politischen Wollen, sondern in der Religion und insbesondere in der jüdischen Religion und Theologie. Der Gedanke der Gerechtigkeit, wie ihn Cohen versteht, «ist theologisch und übersteigt den Bereich des Rechts,

76 Cohen, *Logik* (Fn. 5), S. 157: «Die Einheit des Seins aber bedeutet die Einheit der Wissenschaft».

77 Wie H. Lübbe, *Die politische Theorie des Neukantianismus und der Marxismus*, in: ARSP (1958), S. 338, jetzt in: ders., *Politische Philosophie in Deutschland*, München 1974, S. 101 bemerkt, „entwickelt Cohen seine praktische Philosophie, seine Ethik, (…) strenger in genauer Analogie zur theoretischen. So wie diese, als Wissenschaftstheorie, vom "Faktum" der exakten Naturwissenschaft ausgeht, um es auf seine apriorischen Bedingungen der Möglichkeit hin zu analysieren, so verweist Cohen auch jene auf das "Faktum" der Rechts- und Staatswissenschaft, daß sie darin die grundlegenden Kategorien des politisch-sittlichen Miteinanderlebens entdecke".

78 E. Opocher, *Lezioni di filosofia del diritto*, Padova 1965, S. 88.

wenn auch von diesem aus gedacht wird».[79] Kein Handeln ist nach Cohen ethisch, das sich an mit der Gegenständlichkeit verbundenen Zwecken orientiert. Trotz vieler gegenteiliger Anzeichen bleibt die konkrete Subjektivität, der «ganze Mensch», den Rudolf Haym in der Mitte des 19. Jahrhunderts vorhersagte, als er die Grundlinien einer zukünftigen Philosophie beschrieb, die «kritisch und transzendental» sein sollte,[80] bei Cohen noch eine Alternative zum Begriff des Subjekts der Geltungslogik, deren bedeutendster Vertreter Cohen ist.

Der religiöse und theologische Ursprung des Begriffs der Gerechtigkeit hinderte nicht, daß Recht und Staat einen noch höheren Grad der Abstraktion und Formalisierung erhielten als Cohen wahrscheinlich gewünscht hätte. Insofern nannte Ortega y Gasset Kelsens Begründung seiner reinen, formalen und formalistischen Rechtswissenschaft auf Cohens Neukantianismus eine «Extravaganz».[81] Völlig plausibel erscheint sie allerdings, wenn man die aus der Anlage von Cohens System sich ergebende Notwendigkeit bedenkt, in einer doppelten Bewegung das Transzendentale auf das Positive zu reduzieren und umgekehrt das Positive zum Absoluten zu erheben.[82]

Wenn das Apriori des Rechts bei Kant "unbewußt" formal ist, so wertet Cohen Kants "Versehen" gerade auf, indem er bewußt – und vielleicht auf eine Weise, die in jenen Jahren notwendig war – einen manchmal extremen Formalismus praktiziert und versucht, die Leere von Sein und Konkretion auf äußerliche Weise dadurch zu füllen, daß er beispielsweise den Staat zum höchsten ethischen Gut erhebt. Daher die Alternative eines Philosophen wie Lask, der – jedoch bereits jenseits des Neu-

79 Figal, *Recht* (Fn. 45), S. 182.

80 R. Haym, *Hegel und seine Zeit* (1857), reprint Hildesheim 1962, S. 468.

81 «Das Recht gründet sich zuletzt nicht auf etwas Rechtliches, wie Kelsens Extravaganz wollte, jene Extravaganz, die sich einer Mißdeutung meines Marburger Meisters, des großen Hermann Cohen verdankte... (...) Das Recht, glaube ich, gründet sich zuletzt nicht auf etwas, das seinerseits etwas Rechtliches wäre, wie sich die Wissenschaft zuletzt auf nichts Wissenschaftliches gründet, vielmehr sind beide, wenn sie erscheinen, in einer spezifischen Gesamtsituation des menschlichen und kollektiven Lebens begründet»: J. Ortega y Gasset, *Una interpretazione della storia universale*, ital. Übers. von L. Pajetta, Milano 1978, S. 159.

82 Vuillemin, *L'héritage* (Fn. 31), S. 206 ff.

kantianismus stehend[83] – im wesentlichen zu der These vom wahren und eigentlichen "Primat des Stoffes" gegenüber den logischen Formen gelangt. Über eine Entwertung der Funktion des Subjekts in der Sphäre der Geltung gelingt es Lask, den Logizismus zu überwinden und einen Ausweg aus der Problematik der "Entscheidung" zu eröffnen: aus der einzigartigen inhaltlichen Fülle der konkreten "Situation" und dem Unvermögen des Geistes in der Moderne heraus die unendliche Realität des historischen Geschehens und des darin immer latenten ethisch-politischen Konflikts zu beherrschen; aus dem notwendig antinomischen Charakter der Situation, in die das konkrete Subjekt gestellt und mit seinem Denken eingebunden ist.

83 Vgl. Oberer, *Transzendentalsphäre* (Fn. 7), S. 131.

II. Die Grundnorm: Hypothese oder Fiktion?

7. Grundnorm und objektiver Sinn

Die von Kelsen in dem Aufsatz *Die Funktion der Verfassung*[84] von 1964 vertretene These, die Grundnorm – der umstrittenste Begriff der ganzen reinen Rechtslehre – der Rechtsordnung sei keine Hypothese, sondern eine Fiktion, ist als «erstaunlich»[85] bezeichnet worden. In der Tat bedeutet der Übergang von der Grundnorm als Hypothese (im Sinne der Cohen'schen neukantianischen Philosophie) zur Grundnorm als Fiktion keine zweitrangige Veränderung in Kelsens Entwicklung; er kann vielmehr dazu dienen, den Kern der Transformation von logischem Normativismus mit empirischem Hintergrund zu empirischem Realismus mit "normativem" Hintergrund zu erhellen.

Kelsen beruft sich in dem genannten Text auf Vaihingers Theorie der Fiktionen, über die er selbst 1919 einen wichtigen Aufsatz geschrieben hatte. Der Verweis auf Vaihinger könnte den Eindruck entstehen lassen, die These von der Grundnorm als Fiktion – und nicht als Hypothese – sei implizit schon in den frühen Formulierungen der Lehre enthalten gewesen.[86] Und Kelsen scheint ihn geradezu zu bestätigen, daß «die

84 H. Kelsen, *Die Funktion der Verfassung* (1964), jetzt in: H. Kelsen, A. Merkl, A. Verdross, *Die Wiener rechtstheoretische Schule*, hrsg. von H. Klecatsky, R. Marcic, H. Schambeck, Wien 1968, Bd. 2, S. 1971 ff. Zu diesem Aufsatz vgl. I. Stewart, *The Basic Norm as Fiction*, in: Juridical Review (1980), S. 199 ff.; ders., *Kelsen and the Exegetical Tradition*, in: R. Tur/ W. Twining (eds.), *Essays on Kelsen*, Oxford 1986, S. 133 ff.

85 J. Behrend, *Untersuchungen zur Stufenbaulehre Adolf Merkls und Hans Kelsens,* Berlin 1977, S. 80. Stewart, *Basic Norm* (Fn. 84), S. 208, bemerkt, daß diese Erklärung der Grundnorm als Fiktion zu einem Verlust des Begriffs der Grundnorm selbst und daher der Rechtsordnung führt, die auf ihr beruht: «Der Verlust des Begriffs der 'Grundnorm' und infolgedessen des Begriffs der Rechtsordnung verdrängt den Kern der 'reinen Theorie'. Viele Elemente bleiben gültig, aber es gibt keine kohärente Theorie mehr».

86 R. Horneffer, *Die Entstehung des Staates. Eine staatstheoretische Untersuchung*, Tübingen 1933, S. 63, kritisierte den Gebrauch des Begriffs der Hypothese für die Grundnorm, die nach seiner Ansicht «eine intuitive, nicht demonstrierbare Erkenntnis» darstellt, die etwas als nicht unmöglich annimmt, von dem man schon weiß, daß

Grundnorm im Sinne der Vaihinger'schen Als-Ob-Philosophie keine Hypothese ist – als was ich selbst sie gelegentlich gekennzeichnet habe – sondern eine Fiktion, die sich von einer Hypothese dadurch unterscheidet, daß sie von dem Bewußtsein begleitet wird oder doch begleitet werden soll, daß ihr die Wirklichkeit nicht entspricht». Die Grundnorm ist eine einfach gedachte und folglich eine fiktive Norm. Wenn – für den späten Kelsen – jede Norm der Sinn eines empirischen Willensaktes ist, dann ist diese Grundnorm der Sinn eines fiktiven Willensaktes. Wozu dient aber diese Fiktion? Kurz zuvor schreibt Kelsen: die Grundnorm «kann, muß aber nicht vorausgesetzt werden».[87] Sie wird vorausgesetzt mit dem Ziel, aus dem subjektiven Sinn eines Willensaktes einen objektiven Sinn zu machen. Was ist aber das Recht, wenn nicht objektiver Sinn? Man sieht, daß mit der These der Fiktion der ganze Bau der reinen Rechtslehre in ihrer Spätphase auf dem Spiel steht. Es ist daher notwendig, das Verhältnis Kelsens zu Vaihinger kurz zu betrachten.

8. Theorie juristischer Fiktionen

In der Schrift *Zur Theorie der juristischen Fiktionen* von 1919 scheint Kelsen Vaihingers Positionen zuzustimmen. Der Eindruck täuscht und es genügt, die Arbeit aufmerksam zu lesen, um zu sehen, daß die Übereinstimmung sich nur auf einige Punkte bezieht: Kelsen benutzt Vai-

es nicht ist. «Zu tun, als wäre etwas, von dem man weiß, daß es nicht ist, heißt eine Fiktion bilden, keine Hypothese. Alle diese "Grundnormen" sind nichts anderes als Fiktionen». Ähnlich schon H. Triepel, *Les rapports entre le droit interne et le droit international*, Recueil des Cours de l'Académie de droit international de La Haye, Paris, vol. 1, 1925, S. 87; A. Verdross, *Die Verfassung der Völkerrechtsgemeinschaft*, Berlin 1926, S. 3. Es ist jedoch kein Zufall, daß Horneffer zu denen gehört, die schon in den zwanziger bis dreißiger Jahren Kelsens Widersprüchlichkeit zwischen reinem Normativismus und Tatsachenpositivismus hervorgehoben hatten, d.h. den Widerspruch zwischen einem "ursprünglichen" Kelsen und einem, der Adolf Merkls Positivismus vermittelt. Kelsen sei in seinen letzten Schriften zur radikalen positivistischen Position Merkls zurückgekehrt, behauptet S.L. Paulson, *On the Status of the lex posterior Derogating Rule*, in: Tur/ Twining, *Essays* (Fn. 84), S. 229 ff. Ich selbst bin der Meinung, daß keines der beiden bei Kelsen vorhandenen Systeme in dieser Phase ein Übergewicht gewinnt.

87 Kelsen, *Funktion* (Fn. 84), S. 1977.

hinger zu dem alleinigen Zweck, die Rechtswissenschaft als Normwissenschaft von den empirischen Natur- oder Sozialwissenschaften zu trennen. Die entscheidende Differenz zwischen Kelsen und Vaihinger besteht darin, daß die Fiktion für letzteren eine Entfernung, eine Abweichung von der Realität ist, um sie sodann begrifflich erfassen zu können. Die Fiktion dient folglich dazu, die Wirklichkeit, die Welt des Seins zu begreifen, sie ist Hilfsmittel des logischen Denkens zu einem praktischen Zweck, und zwar mit dem Bewußtsein der Fiktivität. Gerade deshalb kann sie schwerlich im Recht Verwendung finden. Nicht nur im Hinblick auf das Handeln des Gesetzgebers oder des Richters, wo einfach Normen gesetzt werden (allgemeine im ersten, individuelle im zweiten Fall), wo also nichts fingiert wird, vielmehr Anordnungen gegeben werden, sondern auch, was die Rechtswissenschaft angeht, obgleich Kelsen sagt, es gebe Fiktionen in der Rechtswissenschaft. Tatsächlich erscheint diese Behauptung im Gesamtzusammenhang des Aufsatzes als wenig folgerichtig; sie mutet eher wie eine *captatio benevolentiae* an, die den Kern der Argumentation verdeckt, die in Wirklichkeit eine Distanzierung von Vaihinger und eine «klare Ablehnung»[88] seiner Theorie ist. Sein und Sollen liegen in zwei verschiedenen Ebenen und die Übertragung des Mach'schen Prinzips auf die Rechtswissenschaft ist «auf keinen Fall angängig».[89]

Das Recht ist für Kelsen nichts Reales: die Rechtswissenschaft hat es nicht mit dem zu tun, was ist, sondern mit dem, was die Menschen tun *sollen*. Kelsens Methode ist sozusagen eine phänomenologische, die die empirischen, kontingenten, widersprüchlichen, zufälligen Inhalte der Normen einklammert, um nur die logisch-formalen Mechanismen zu erfassen, die jenes besondere Universum zusammenhalten, das die Nor-

88 F. Todescan, *Diritto e realtà. Storia e teoria della fictio juris*, Padova 1979, S. 370. Vgl. auch C. Martyniak, *Le problème de l'unité des fondements de la théorie de Hans Kelsen*, in: Archives de Philosophie du droit et de Sociologie juridique, Vol. 7/1 (1937), S. 182.

89 W. Jöckel, *Kelsens rechtstheoretische Methode* (1930), reprint Aalen 1977, S. 184 f. «Es handelt sich nämlich bei der Jurisprudenz nicht um eine Wissenschaft, welche eine reale Wirklichkeit zu erkennen, d.h. durch möglichst eindeutige Begriffe zu bezeichnen hätte; sondern die Aufgabe der auf den idealen Gegenstand des Rechtes gerichteten Jurisprudenz ist wesentlich beschränkter als die der explikativen Naturwissenschaften».

men bilden, die normativen Formen, seien es moralische oder eben rechtliche: den Staat als Form.[90] Wenn die Fiktion eine Entfernung von der wirklichen Realität ist, um anschließend zu ihr zurückzukehren, wie kann dann eine Fiktion auf dem Gebiet des Rechts benutzt werden, das gar nichts Reales ist[91]? «In ihrer Einverleibung in die Reine Rechtslehre wird die Lehre von den Fiktionen von Kelsen so stark überarbeitet, daß sie nicht mehr zu Vaihingers System gehört, sondern auf jene "Logik der reinen Erkenntnis" zurückführbar ist, auf der die gnoseologische Grundlage seines Denkens beruht».[92] Für Kelsen nämlich «haben die Fiktionen einen völlig verschiedenen Sinn. Wie für Cohen, so ist auch für Kelsen die Realität für das Denken nicht unerkennbar, sondern wird von ihm hervorgebracht... Die "Realität" des Rechts, vom Denken erzeugt, nicht entdeckt, ist keine Fiktion, sondern eine zur Welt des Geistes gehörende Wirklichkeit».[93]

Das Recht ist für Kelsen ein Wert, ein nach seinen Inhalten relativer, aber objektiver Wert, etwas rein Ideelles. Die Rechtswissenschaft ist

90 «Immer muß Macht der Inhalt des Rechtes sein, aber nicht immer ist Recht die Form der Macht»: H. Kelsen, *Zur Lehre vom öffentlichen Rechtsgeschäft*, in: Archiv des öffentl. Rechts, Bd. 31 (1913), S. 95. "Form" ist jedoch kein leeres Gefäß, das mit beliebigem Inhalt zu füllen ist. Trotz Kelsens Erklärungen in diesem Sinn ist "Form" auch und vor allem Grenze: Grenze der Freiheit der Individuen und Grenze des Willens des "Souveräns".

91 Vgl. Jöckel, *Methode* (Fn. 89), S. 76 f.: «Es ist um so bedeutungsvoller, diese Differenzen zwischen Vaihinger und Kelsen zu einem klaren Ausdruck zu bringen, weil Kelsen selber keinerlei Versuch gemacht hat, den fraglichen Punkt genauer hervorzukehren. Die Übereinstimmung im Ausdruck und in Worten vermag nämlich die unausgesprochene Verschiedenheit der beiderseitigen Tendenz nicht zu verdecken. Während Vaihinger zu der von ihm begründeten Fiktionentheorie im wesentlichen positiv eingestellt ist, die sogenannte Korrektur und Ausmerzung der Fiktionen dagegen nur eine untergeordnete Rolle spielt, liegt bei Kelsen gerade umgekehrt eine negative Tendenz ziemlich offen zutage. Bei ihm liegt der Hauptnachdruck auf dem Kampf gegen die Fiktion, bei welcher er nicht, wie Vaihinger, die Nützlichkeit und Zweckmäßigkeit des Widerspruchs betont, sondern ihre logische Unhaltbarkeit als einen Grund zu ihrer Beseitigung hervorhebt». Vgl. auch J. Esser, *Wert und Bedeutung der Rechtsfiktionen. Kritisches zur Technik der Gesetzgebung und zur bisherigen Dogmatik des Privatrechts*, Frankfurt a.M. 1940, S. 130.

92 Todescan, *Diritto* (Fn. 88), S. 370.

93 Todescan, *Diritto* (Fn. 88), S. 383.

Wissenschaft «des Geistes»,[94] sie beschäftigt sich mit dem von den Fakten und dem Sein getrennten Sollen, wie aus der Rechtsmethodologie klar hervorgeht, die in *Die Rechtswissenschaft als Norm- oder als Kulturwissenschaft* (1916) gegen den «Synkretismus» der Wertphilosophie (Rickert, Lask) und Radbruchs vertreten wird.[95] In dieser Perspektive war die Definition der Grundnorm der Rechtsordnung als Hypothese und transzendental-logische Grundlage, nicht als Fiktion, nicht nur nicht zufällig, sondern befand sich in völliger Übereinstimmung mit den logisch-philosophischen Referenzpunkten, die Kelsen in allen Arbeiten dieser Jahre zur Begründung der reinen Rechtslehre gewählt hatte. Und war diese Konzeption auch umstritten, so war sie jedenfalls folgerichtig, während er sich durch seine Abkehr von ihr definitiv von Kant – wie auch immer vermittelt – entfernte, und Kelsen war, indem er die Positionen Vaihingers und des tschechoslowakischen Rechtsphilosophen Walter Dubislaw – «Kein Imperativ ohne Imperator»[96] – annahm, gezwungen, aus dem Gegenstand, von dem man sich "entfernt" und womit man (bewußt) in Widerspruch gerät, ein empirisches Faktum zu machen, ohne es jedoch deutlich thematisieren zu wollen. An diesem

94 Obgleich sich diese Definition der Rechtswissenschaft als "Geisteswissenschaft" sehr häufig findet, zitiert Kelsen niemals, wie man erwarten könnte, Wilhelm Dilthey.

95 Tatsächlich unverständlich scheint mir also die These Stanley Paulsons, nach der die Rechtsphilosophie Kelsens von Rickerts neukantianischer Kulturphilosophie abhängig wäre: vgl. S.L. Paulson, *Faktum/Wert-Distinktion: Zwei-Welten-Lehre und immanenter Sinn. Hans Kelsen als Neukantianer*, in: Alexy u.a., *Neukantianismus* (Fn. 15), S. 223 ff.

96 H. Kelsen, *Recht und Logik* (1965), in: *Die Wiener rechtstheoretische Schule*, Bd. 2, S. 1480 ff.; später auch in: ders., *Allgemeine Theorie der Normen*, hrsg. von K. Ringhofer u. R. Walter, Wien 1979, S. 23. Zu diesem Aufsatz Kelsens s. die Überlegungen von A.G. Conte, *In margine all'ultimo Kelsen* (1967), jetzt in: R. Guastini (a cura di), *Problemi di teoria del diritto*, Bologna, S. 197 ff. Wie richtig C. Jabloner, *Kein Imperativ ohne Imperator. Anmerkungen zu einer These Kelsens*, in: R. Walter (Hrsg.), *Untersuchungen zur Reinen Rechtslehre II*, Wien 1988, S. 95, bemerkt hat, bedeutet «die Einführung der Imperatortheorie [in die Reine Rechtslehre] ... eine Verschärfung des positivistischen Elans der Reinen Rechtslehre». Diese Verschärfung bedeutet aber auch eine klare Überwindung der kritischen Dimension der Rechtslehre, wie Kelsen sie in seiner frühen Phase erarbeitet hat.

Punkt hätte Kelsen den Konsequenzen aus Dubislaws Position «erliegen»[97] müssen, die der reinen Rechtslehre völlig entgegengesetzt sind. Nun konnte die Unterschiedlichkeit der beiden Begriffe von Fiktion und Hypothese von Kelsen nicht ignoriert werden, erstens weil gerade Vaihinger sie auf einigen Seiten diskutiert, und zweitens, weil die "Hypothese" das Hauptstück der reinen Erkenntnis Cohens und der "ökonomischen" Philosophie Machs bildete, die Kelsen beide breit zitiert und zur Unterstützung seiner zentralen theoretischen Wahlen heranzieht.[98] Die Hypothese, nicht die Fiktion, erlaubte ihm den Entwurf der Welt des Sollens als einer abgeschlossenen, im Denken vom Sein und vom empirischen Willen abgetrennten Welt an sich. Gerade weil die Fiktion mit der Realität zu tun hat, ist sie als solche für die Rechtserkenntnis unbrauchbar, deren Fiktionen «haben gar nichts spezifisch Juristisches an sich, sie sind keine für die Jurisprudenz charakteristische Methode»;[99] die "Fiktionen" der Rechtstheorie sind nur «Verdoppelungen» des Erkenntnisgegenstandes und führen als solche zu Hypostasierungen und Substantialisierungen "mystischer" Art, gegen die die Rechtswissenschaft eine entscheidende Schlacht schlagen muß, um jede – "theologische" – Verdoppelung dieses Gegenstandes aufzulösen und die magisch-religiöse Hypostasierung als das zu enthüllen, was sie ist: Relation, Funktion, "Wert" vielleicht gerade in jener später von Carl Schmitt bekämpften Bedeutung.[100] Trotzdem, die Methode, die ihren Gegen-

97 N. Leser, *Die Reine Rechtslehre im Widerstreit der Philosophischen Ideen*, in: R. Walter (Hrsg.), *Die Reine Rechtslehre in wissenschaftlicher Diskussion*, Schriftenreihe des Hans Kelsen-Instituts, Bd. 7, Wien 1982, S. 103.

98 Vgl. H. Kelsen, *Das Problem der Souveränität und die Theorie des Völkerrechts. Beitrag zu einer Reinen Rechtslehre*, Tübingen 1920, S. 99 ff. Vgl. dazu: L. Pitamic, *Denkökonomische Voraussetzungen der Rechtswissenschaft*, in: Österr. Zeitschrift für öffentl. Recht, III Jahrg., 1918, S. 339 ff.

99 Vgl. H. Kelsen, *Zur Theorie der juristischen Fiktionen*, in: *W.r.S.*, Bd. 2, S. 1241.

100 Zum Begriff des "Wertes" in diesem Sinn s. C. Schmitt, *Der Gegensatz von Gemeinschaft und Gesellschaft als Beispiel einer zweigliedrigen Unterscheidung. Betrachtungen zur Struktur und zum Schicksal solcher Antithesen*, in: *Estudios juridico-sociales. Homenaje a Luis Legaz y Lacambra*, Compostela 1960, Bd. 1, S. 165 ff.; ders., *Die Tyrannei der Werte* (1967), Berlin 2011. In dieser Perspektive gewinnt Kelsens Aufsatz *Gott und Staat* (1922) eine Bedeutung, die die Interpretation der reinen Theorie des Rechts bei weitem überschreitet, sofern gerade damit

stand in dem Erkenntnisprozeß erzeugt, erzeugt sie zweifellos in ihrer formellen "Reinheit", die unabhängig von den wechselnden Inhalten der Erfahrung ist; die Reine Rechtslehre aber kann nicht vergessen, daß sie eine "positivistische" Rechtstheorie sein will: «Die juristische Hypothese», so Kelsen, «die von der auf die Einheit abzielenden Rechtserkenntnis mit Beziehung auf das zur Einheit zu bringende Material hypothetisch vorausgesetzt wird, hat sich demgemäß nach dem Inhalt dieses zur Einheit zu bringenden Materials zu richten».[101] Hier hilft in besonderem Maße das Prinzip der Denkökonomie von Ernst Mach, das sich bei Kelsen aber zu einem Prinzip der "Wertökonomie" wandelt, in dem Sinne, daß das Sollen vom Denken so erzeugt werden muß, daß es sich mit dem Maximum an Wirklichkeit deckt. Die Hypothese der Grundnorm als Hypothese der Souveränität bedeutet dann, daß sie, obgleich Hypothese, also vorausgesetzte und nicht gesetzte Norm, in einer gewissen Weise die wirkliche Erfahrung "reflektieren" soll, so daß der Inhalt der Pflicht (des "Sollens") von der Realität möglichst wenig abweicht: «Indem dieser dem Prinzipe der von Mach aufgezeigten Denk- oder Erklärungsökonomie analoge Grundsatz unserer Werterkenntnis (des normativen Betrachtens) auf eine möglichste Reduzierung jener Spannung gerichtet ist, die zwischen Sollen und Sein besteht, tendiert er, möglichst viel als wertvoll, d.h. möglichst viel Inhalt des Seins als mit dem Inhalt des Sollens übereinstimmend, möglichst wenig als wertwidrig, d.h. möglichst wenig Inhalt des Seins als mit dem Inhalt des Sollens in Widerspruch stehend zu erkennen; er stellt somit ein wertökonomisches Prinzip, ein Prinzip der erkenntnismäßigen Erzielung eines Wertmaximums dar».[102]

– so stellt z.B. E. Kennedy, *Carl Schmitt and the Frankfurt School: A Rejoinder*, in: Telos 73 (Fall 1987), S. 104, fest – die Diskussion über politische Theologie und den Begriff der Souveränität unter den deutschen Juristen und Politikwissenschaftlern in den Zwanziger Jahren einsetzt. Eine vergleichende Lektüre von Kelsens Aufsatz und der *Politischen Theologie* Schmitts in der Perspektive auch der Diskussionen über die Souveränität bei Autoren wie H. Heller, O. Kirschheimer und F. Neumann wäre sicherlich von Nutzen.

101 H. Kelsen, *Rechtswissenschaft und Recht*, Zeitschr. für öffentl. Recht, 3, 1922, S. 231.

102 Kelsen, *Souveränität* (Fn. 98), S. 99.

Wenn also der Begriff der Fiktion und Vaihingers Theorie von Kelsen zurückgewiesen[103] werden, weshalb scheint es dann, als billige er diese Lehre in der Frühphase seines Denkens? Und welche Bedeutung kommt dem, diesmal realen, Konsens in der *Allgemeinen Theorie der Normen* zu? Eine Beantwortung der letzteren Frage würde zu weit führen, ich beschränke mich hier auf die Feststellung, daß der späte Kelsen eine (vielleicht) noch radikalere Wende vollzieht, als ich selbst in früheren Arbeiten glaubte: gerade die Definition der Grundnorm als Fiktion kann in der Tat den Zugang zu einer nunmehr endgültig realistischen, voluntaristischen, pragmatistischen Theorie eröffnen. Das Recht ist jetzt etwas Reales. Die Rechtswissenschaft ist eine Wirklichkeitswissenschaft: daher der normative Irrationalismus. Bei der Erzeugung und Anwendung des Rechts gibt es kein «Element der Erkenntnis» mehr, sondern Willen und Willen allein,[104] während Kelsen 1919 noch schreiben könnte,[105] daß zwischen «dem die Welt mit den Kategorien ordnenden und solcher Art – als geordnete Einheit – erst schaffenden Geist der Erkenntnis und dem die Rechtswelt regelnden und so erzeugenden Gesetz», keine «Verwandtschaft» mehr besteht. Man könnte glauben, der letzte Kelsen verzichte bewußt auf die produktive Funktion des Erken-

103 Im Zusammenhang mit der Grundnorm – die «keine positive Rechtsnorm», aber bloß eine «gedanklich vorausgesetzte» Norm ist – schreibt Kelsen 1928, daß «von einer *Fiktion*: Behauptung einer Realität im Widerspruch zur Wirklichkeit, keine Rede sein kann»: H. Kelsen, *Rechtsgeschichte gegen Rechtsphilosophie? Eine Erwiderung*, Wien 1928, S. 25. Und weiter: «Denn nur um den Geltungscharakter des positiven und nur des positiven Rechtes zu begründen, wird die Grundnorm vorausgesetzt; und sie kann mit ihrem Inhalt zu dem des positiven Rechtes in keinem Punkte in Widerspruch geraten, weil sie sich ja in ihrem Inhalt restlos und ausschließlich nach demjenigen Material richtet, das als geltendes positives Recht begriffen werden soll. Eben darum hat man sie mit einer Hypothese im naturwissenschaftlichen Sinne verglichen (…), weil sie wie eine Hypothese das empirische Material erklären, das positive Rechtsmaterial in seiner Geltung begründen, nicht aber ersetzen oder ergänzen will und sich daher niemals in einen Widerspruch zum Material setzen kann».

104 Zur amerikanischen Periode Kelsens, seiner Rezeption durch die amerikanischen Juristen und auch den Einflüssen, die er durch den amerikanischen Pragmatismus, Empirismus, Realismus und die Soziologie erfuhr, s. S.L. Paulson, *Die Rezeption Kelsens in Amerika*, in: O. Weinberger/ W. Krawietz (Hrsg.): *Reine Rechtslehre im Spiegel ihrer Fortsetzer und Kritiker*, Wien-New York 1988, S. 179 ff.

105 Kelsen, *Theorie* (Fn. 99), S. 1223.

nens und beuge sich gänzlich dem Triumph des Willens. Das Gegenteil dessen, was in den Werken der Zehner und der Zwanziger Jahre behauptet wird, die die reine Rechtslehre "gemacht" haben. Was nicht bedeutet, daß sich nicht auch die These der Grundnorm als transzendentallogische Grundlage der Rechtserkenntnis Einwänden aussetzte, insbesondere, wenn man dafürhält, daß die von Kelsen behauptete Analogie zwischen seiner Grundnorm und der Transzendentalität des Denkaktes bei Kant auf der Voraussetzung einer Dis-Homogenität zwischen dem Feld der Natur und dem Gebiet des Sollens unhaltbar sei.[106]

106 Vgl. dazu die ausgezeichnete Arbeit von H. Köchler, *Zur transzendentalen Struktur der "Grundnorm". Kritische Bemerkungen zur erkenntnistheoretischen Fundierung der "Reinen Rechtslehre"*, in: L. Adamovic/ P. Pernthaler (Hrsg.), *Auf dem Weg zur Menschenwürde und Gerechtigkeit*, Festschr. H.R. Klecatsky, 1. Tbd., Wien 1980, insbes. S. 509 ff. Fest steht, daß die Auffassungen Kelsens über die Grundnorm und den Begriff der Norm selbst zuletzt mit einer neukantianischen Begründung des rechtlichen Sollens und dem Sein-Sollen-Dualismus brechen. Der Versuch, Fakten und Normen, Wollen und Sollen zu verbinden, impliziert eine Überwindung des Dualismus. Kelsen dagegen hat, sich widersprechend, in den Schriften der Sechziger Jahre und in der postumen *Allgemeinen Theorie der Normen* versucht, den Dualismus beizubehalten, indem er zwischen den beiden logischen Modi ein "drittes Reich" des "modusindifferenten Substrats" lokalisierte, d.h. jenes "Etwas", das dem Modus des Gebotenseins ("die Tür muß geschlossen sein") und dem indikativischen Modus der Deskription ("die Tür wird geschlossen") gemeinsam ist. Dieser Versuch – der vielleicht mit Alf Ross' Kritik an Kelsens Dualismus zu tun hat – ist per se mit dem ursprünglichen Dualismus unvereinbar. Schon im *Problem der Souveränität* von 1920 spricht Kelsen von diesem "modusindifferenten Substrat", aber noch früher findet sich ein Hinweis in dem Aufsatz über die Rechtswissenschaft als Normwissenschaft von 1916, wo es heißt: «Das "Substrat" oder der "Schauplatz" des Wertes ist niemals ein Seinsvorgang oder eine Wirklichkeit, sondern dasjenige, was möglicherweise auch Inhalt, d.h. Substrat oder Schauplatz des Seins ist. Wert und Wirklichkeit sind eben nur verschiedene Anschauungsformen eines und desselben Substrates. Für dieses Substrat, das ich das eine Mal als Inhalt des Seins, somit als Wirklichkeit, das andere Mal als Inhalt eines Sollens, somit als Wert vorstelle, hat die Sprache leider keine spezifische Bezeichnung und die Philosophie noch keinen festen Begriff geschaffen»: *Die Rechtswissenschaft als Norm- oder als Kulturwissenschaft. Eine methodenkritische Untersuchung*, in: Die Wiener Rechtstheoretische Schule, Bd. 1, Wien u.a. 1968, S. 67. Für *diesen* Kelsen also bleibt das völlig außerhalb aller wissenschaftlichen Begründung des Rechts. Es ist nur der gewöhnliche, nicht der wissenschaftliche und "abweichende" Sprachgebrauch, der die Realität, d.h. "eine *Form* der Vorstellung", mit ihrem Inhalt gleichsetzt, der von

Bleibt noch, auf die erste Frage zu antworten. Dazu mag es genügen, Jöckel zu zitieren: «Kelsen (will) den behaupteten fiktiven Charakter der herrschenden Staatslehre als Stütze für seine Ablehnung der Staatssoziologie überhaupt und für seine positive Auffassung des Staates als einer Rechtsordnung verwerten».[107] Vaihinger ist demnach ein Verbündeter im Ringen um die Autonomie der Rechtswissenschaft, gegen jede Verdoppelung des Erkenntnisobjekts, das Naturrecht und besonders gegen die Rechtssoziologie nach Kantorowicz, Ehrlich, aber auch M. Weber, die Kelsen in dieser Phase bekämpft. Die vollständige Normativierung[108] des Staates, die Gleichsetzung von Staat und Recht stehen nicht nur mit Vaihingers These von der Irrtümlichkeit der Verdoppelung des einen Gegenstandes der Erkenntnis in Zusammenhang.[109] Weiters setzen diese Thesen eine äußerst laizistisch-positivistische Kritik an der «mythologischen Naturauffassung»[110] voraus, die noch nicht den Weg der rationalen wissenschaftlichen Erkenntnis zur Trennung und Entfernung des Subjekts vom Objekt der Erkenntnis beschritten hat.[111] Die Desubstantialisierung und Depersonalisierung des Begriffs Staat setzen die Desubstantialisierung Gottes wie auch die Profanierung der Natur voraus; kurz, eine Auffassung der Welt und des Lebens, die das

einer andern und verschiedenen Vorstellungsform hervorgebracht wird. Der ganze Streit mit Radbruch ereignet sich auf der Voraussetzung der logischen und gnoseologischen *Unmöglichkeit* eines "dritten Reiches" zwischen Sein und Sollen, Wert und Realität.

107 Jöckel, *Methode* (Fn. 89), S. 193.

108 Vgl. Kelsen, *Hauptprobleme* (Fn. 57), S. 184-188, in noch nicht völlig auf die Gleichsetzung von Staat und Recht gerichteten Begriffen. Sodann *Souveränität* (Fn. 98), S. 11 ff., und die *Vorrede* aus den *Hauptproblemen*, S. XVI ff.

109 Kelsen, *Theorie* (Fn. 99); ders., *Der soziologische und der juristische Staatsbegriff. Kritische Untersuchung des Verhältnisses von Staat und Recht*, Tübingen 1922, S. 205-208.

110 H. Kelsen, *Der Staatsbegriff und die Sozialpsychologie*, S. 137. Vgl. Auch ders., *Staatsbegriff* (Fn. 109), S. 209, zur «anthropomorphe(n), mythologische(n) Verdoppelung der Welt». Aber die Trennung von Staat und Recht – Verdoppelung des einen normativen Gegenstandes – hat für ihn auch eine präzise politische Bedeutung, sofern sie der «volkstümlichen und demokratischen» Rechtsordnung eine "Staatsräson", das Interesse des Fürsten oder einer «autokratischen Ordnung» gegenüberstellt: H. Kelsen, *Staat und Recht*, in: W.r.S., Bd. 1, S.165. Vgl. auch ders., *Allgemeine Staatslehre*, Berlin 1925, S. 90, 389.

111 Vgl. Kelsen, *Staatsbegriff* (Fn. 109), S. 207 ff.

religiöse Fragen als ein Scheinproblem, als Residuum eines primitiven Animismus und Totemismus radikal beseitigt hat.

9. Primat der Rechtswissenschaft gegenüber der Rechtssoziologie

In den ersten beiden Jahrzehnten seiner wissenschaftlichen Arbeit richtete Kelsen eine radikale Kritik gegen Rechtssoziologen wie Kantorowicz und Ehrlich. Othmar Spann konnte ihn ohne weiteres als einen «Feind der Soziologie» bezeichnen.[112]
Auch unabhängig von der Tatsache, daß Kelsen infolge seines Kontakts mit der analytischen Rechtswissenschaft und der Soziologie in den Vereinigten Staaten seine Position sogar hinsichtlich des von ihm am heftigsten bekämpften Soziologen, Eugen Ehrlich,[113] revidiert und die Idee einer Ergänzung[114] der normativen Rechtswissenschaft durch die Rechtssoziologie (oder den "Rechtsrealismus") formuliert, ist darauf hinzuweisen, daß Kelsens Kritik zumindest gegenüber Max Weber (neben G. Simmel) eher einer Linie der "Komplizenschaft" als der Kontraste zu folgen suchte. Das Urteil über Webers Versuch einer Begründung der Rechtssoziologie – der «wichtigste» und «bisher glücklichste»[115] Versuch – in der *General Theory of Law and State* (1945) kann ebenfalls auf die Zwanziger Jahre zurückdatiert werden. Im *Staatsbegriff der verstehenden Soziologie* von 1921 wird das eben veröffentlichte

112 O. Spann, *Der Streit um die Möglichkeit und das Wesen der Gesellschaftslehre*, in: Zschft. f. Volkswirtschaft u. Sozialpolitik, Bd. 2 (1922), S. 199.

113 E. Ehrlich, *Grundlagen der Rechtssoziologie*, 1. Aufl. 1913, Berlin 1967. Vgl. H. Rottleuthner, *Rechtstheoretische Probleme der Soziologie des Rechts. Die Kontroverse zwischen Hans Kelsen und Eugen Ehrlich (1915- 1917)*, in: W. Krawietz/H. Schelsky (Hrsg.), *Rechtssystem und gesellschaftliche Basis bei Hans Kelsen*, Berlin 1984, S. 521 ff.; U. Rein, *Rechtssoziologie gegen Rechtspositivismus. Die Kontroverse zwischen Hans Kelsen und Eugen Ehrlich*, in: Paulson/Walter (Hrsg.): *Untersuchungen* (Fn. 35), S. 91-108; A. Carrino, *Eugen Ehrlich e Hans Kelsen. Una controversia sulla sociologia del diritto*, Einleitung zu H. Kelsen/E. Ehrlich, *Scienza giuridica e sociologia del diritto*, Napoli 1992, S. 7 ff.

114 Vgl. R. Treves, *Sociologia del diritto e sociologia dell'idea di giustizia in Hans Kelsen*, in: Sociologia del diritto (1981/3), S. 10 ff.; A. Carrino, *Weber e la sociologia del diritto nella critica di Kelsen*, in: Sociologia del diritto (1987/3), S. 17 ff.

115 H. Kelsen, *General Theory of Law and State*, (1945), New York 1961, S. 171.

opus magnum Webers, *Wirtschaft und Gesellschaft*,[116] als «die bedeutendste soziologische Leistung, die seit Simmels "Soziologie" erschienen ist» bezeichnet.[117]

Die erste Bezugnahme auf Weber ist jedoch älter: sie findet sich im Vorwort zur ersten Auflage (1911) der *Hauptprobleme*, und ist in der zweiten Auflage (1923) nicht enthalten. Dort macht sich Kelsen – von Seiten der formal-normativen Theorie des Rechts – Webers Worte über die Objektivität der Sozialwissenschaften[118] zu eigen, um die Eigentümlichkeit des Erkenntniszieles zu charakterisieren, das er sich vornimmt, und das dahin geht, über «eine rein formale Betrachtungsweise der rechtlichen Normen» nicht «hinaus(zu)gehen». In dieser Beschränkung nämlich besteht «das Wesen der formal-normativen Betrachtungsweise der Jurisprudenz»[119] im Unterschied zur Sozialwissenschaft als "Wirklichkeitswissenschaft", von der Weber spricht. Folgt man nun den neukantianischen erkenntnistheoretischen Prämissen, die Kelsen – vor allem nach der Resonanz, die seine erste große Arbeit insbesondere im Hinblick auf Cohens Neukantianismus (noch stärker aber scheint der Einfluß von Cassirers *Substanz- und Funktionsbegriff*[120] zu sein) findet – erklärt und verteidigt, so kann die Beschränkung der Rechtswissenschaft nur eine notwendige sein, sofern das Objekt "Recht" das «Ergebnis» einer der verschiedenen Blickrichtungen ist, in die sich die spontane Aktivität der erkennenden Vernunft ursprünglich teilt: der Blickrichtung auf Sollen, Norm oder Wert, die der Ausrichtung auf das Sein, das Faktum entgegengesetzt ist.[121] Sofern also das Recht nur ein idealer Zu-

116 M. Weber, *Wirtschaft und Gesellschaft. Die Wirtschaft und die gesellschaftlichen Ordnungen und Mächte*. Nachlass (1921), in: Max Weber, *Gesamtausgabe*, Tübingen Bd. 22, 2001.

117 H. Kelsen, *Der Staatsbegriff der "verstehenden Soziologie"*, in: Zschft.f. Volkswirtschaft u. Sozialpolitik 1 (1921), dann in: ders., *Staatsbegriff* (Fn. 109), S. 156.

118 M. Weber, *Die "Objektivität" sozialwissenschaftlicher und sozialpolitischer Erkenntnis,* in: Archiv für Sozialwissenschaft und Sozialpolitik, 19. Bd., 1904, S. 45.

119 Kelsen, *Hauptprobleme* (Fn. 57), S. IX.

120 Relevant vor allem Kelsen, *Staatsbegriff* (Fn. 109), S. 211 ff.

121 Kelsen, *Kulturwissenschaft* (Fn. 106), S. 37 f.: «Mit großem Scharfsinn gründet Herbart, der den Gegensatz von Sein und Sollen prinzipieller und konsequenter noch als Kant erfaßt hat, den fundamentalen Dualismus auf eine ursprüngliche Besinnung und konstituiert ihn erkenntnistheoretisch korrekt in der totalen Verschiedenheit der

sammenhang von Normen ist, ein normatives System, ein "Sinngehalt": kurz, reine Soll-Geltung in Kontraposition zu Wirksamkeit und Empirie. In diesem Sinne aber erscheint es sofort klar, daß Kelsen trotz seines Interesses für die Soziologen (insbesondere Simmel und Weber) mit einer Rechtssoziologie nicht übereinstimmen kann, in der der Ausdruck "Recht" den Gegenstand der normativen Wissenschaft bezeichnet. Seine ganze Anstrengung muß daher darauf gerichtet sein, daß die Rechtssoziologie eine Wissenschaft ist, die das Recht der normativen Rechtswissenschaft voraussetzen muß, d.h. den mit Hilfe der Erkenntnismethode des methodologisch gut ausgerüsteten Juristen erzeugten und ausgearbeiteten Begriff des Rechts. Tatsächlich betritt die reine Rechtslehre in diesem philosophisch-neokantianischen Gewand die Bühne der rechtstheoretischen Debatte der Zehner und Zwanziger Jahre.

10. Komplementarität von Rechtswissenschaft und Individualpsychologie

Es ist dies auch die Zeit, in der Kelsen im Bewußtsein des Einflusses von Cohen auf die eigene Philosophie beginnt, eine "reine" Theorie des Rechts auszuarbeiten, um die Jurisprudenz zum Rang und zur Würde einer wirklichen Wissenschaft zu erheben, und sie fällt zusammen mit der Geburt jener anderen Disziplin, die ebenfalls auf die Erfüllung des alten Bestrebens der Juristen gerichtet ist: der Rechtssoziologie. Die Soziologie, die Methoden der Naturwissenschaft anwendend und die "Naturgesetze" des Lebens des Rechts zu entdecken suchend, erhob den Anspruch, die wahre Rechtswissenschaft zu sein. Kelsens Schriften hingegen suchen eine spezifische eigenständige Dimension der Juris-

Blickrichtungen. Gerade in diesem Sinne muß der formal-logisch unlösbare Antagonismus von Sein und Sollen zur Grundlage eines Erkenntnissystems und sohin einer Grundeinteilung der Wissenschaften werden. Je nachdem ob das Ziel der Betrachtung das Sein tatsächlichen Geschehens, das heißt die Realität, oder ein sittliches, rechtliches, ästhetisches oder sonstiges Sollen, das heißt also eine Idealität ist, scheiden sich die Bezirke unserer Erkenntnis in zwei von Grund aus verschiedene Gruppen, teilt sich die Welt – als das Ergebnis unserer Erkenntnis (nicht unseres Fühlens oder Wollens) – in zwei Reiche, die kein Weg miteinander verbindet».

prudenz zu bestimmen[122] und betonen die Eigentümlichkeit des "Rechts der Rechtswissenschaft" gegenüber dem (vorgeblichen) "Recht" der Soziologie, das für Kelsen nur mit den Fakten der Rechtspraxis zu tun hat und folglich eine empirische Wissenschaft von empirischen Sachverhalten ist. Kurz, etwas ganz anderes als das Recht, das der Jurist und der Rechtswissenschaftler meinen. Daß irgendwie Vorstellungen vom Recht entstehen, die tatsächlich menschliches Handeln motivieren, sagt Kelsen, könne «innerhalb einer Wissenschaft keinen Platz finden (…), die das Recht als Norm, als Sollen auffaßt, die mit den Begriffen der Geltung, der Pflicht, der Berechtigung, der Person, kurz mit allen jenen Begriffen operiert, die überhaupt keinen anderen als einen normativen Sinn haben können (...) Niemals könnte das Recht, das den Gegenstand (oder das Produkt) solcher Rechtswissenschaft bildet, "positiv"» im Sinne eines empirischen Faktums[123] sein. Der Jurist beschäftigt sich daher mit den Rechtsnormen in einer (husserlianischen) *Epochè* hinsichtlich ihrer wirklichen Realität, und die Rechtswissenschaft als Geisteswissenschaft ist nie eine Wissenschaft von Fakten,[124] sondern eine normative Wissenschaft, eine Wissenschaft vom (relativen) Wert des Rechts, genauer vom «Sein des Sollens».[125] Ihr ist es daher aus ihrem eigenen Wesen heraus verboten, mit naturwissenschaftlichen Methoden wie Induktion und Experiment zu arbeiten, und sie soll alleine den geistigen, "ideellen" (vom "idealen" unterschiedenen) Gehalt ihres Materials mittels der Instrumente der Logik erarbeiten.

Wie die Mathematik, so ist die Rechtswissenschaft für Kelsen eine formale Wissenschaft, die aus ersten Prinzipien oder Postulaten formale Begriffe entwickelt, sodaß das Recht «nichts Wirkliches»[126] ist. «Faßt man nicht das rechtmäßige Verhalten der Menschen ins Auge, sondern lediglich die objektive Norm, d.h. fragt man sich nur – und nichts anderes

122 J. Binder, *Philosophie des Rechts* (1925), reprint Aalen 1967, S. 183 ff.

123 Kelsen, *Souveränität* (Fn. 98), S. 88 f.

124 «Pour Kelsen la science du droit est un système de notions et de propositions purement formelles, une science normative sans lien avec le domaine de la réalité indépendante de l'effectivité (Faktizität) des normes»: C. Martyniak, *Le problème de l'unité des fondéments de la théorie du droit de Kelsen* (Fn. 88), S. 172.

125 Vgl. Kelsen, *Staatsbegriff* (Fn. 109), S. 76; ders., *Staatslehre* (Fn.110), S. 45.

126 Kelsen, *Theorie* (Fn. 99), S. 1238.

– wie sollen sich die Menschen rechtmäßig verhalten, und hält man sich dabei lediglich an das positive Recht, an das Gesetz, dann kann und muß man sich bei Beantwortung dieser Frage mit gewissen rein formalen Kriterien begnügen».[127] Das bedeutet, aus dem spezifisch rechtlichen Problemfeld jede Frage – soziologischer, politischer oder anderer Art – auszuschließen, die auf den konkreten Zweck geht, auf das spezifische motivierende Interesse des Rechts im Ganzen ebenso wie der einzelnen Norm. Die Rechtsbegriffe sind formale Kategorien und die Rechtswissenschaft behandelt nur die «Form eines Phänomens», dessen Inhalt von Geschichte und Soziologie, vor allem aber von der Individualpsychologie zu untersuchen ist, die für Kelsen die einzige zur normativen Rechtswissenschaft wirklich komplementäre und sie ergänzende Wissenschaft ist.

Schon in einer Rezension von 1910 behauptete Kelsen, die Soziologie habe «es stets nur mit psychischer Motivation zu tun».[128] Es ist z.B. kein Zufall, daß der junge Kelsen die Grenzen der materialistischen Geschichtsauffassung – für ihn eine einfache Version des Naturrechtsdenkens,[129] das seinerseits mit der Soziologie verwandt ist[130] – gerade im Verhältnis zu den «tiefere(n)» Ursachen der sozialen Phänomene sieht, die nicht in den ökonomischen Beziehungen liegen, sondern in jener letzten Schicht der psychischen Beziehungen zwischen den Individuen, «die dem Erklärungsbedürfnis vieler mehr Befriedigung bieten, als der Einblick in die bloß wirtschaftliche Kausalreihe».[131] Die Gegensätze von Kelsens Rechts- und Staatsphilosophie – zusammengefaßt in dem Grundgegensatz von Demokratie und Autokratie – können alle zurückgeführt werden auf den Kontrast zwischen einer individualistischen und einer objektivistischen Weltanschauung, die ihrerseits in der psychologischen Struktur und im Charakter des Individuums verwurzelt sind, je

127 Kelsen, *Hauptprobleme* (Fn. 57), S. 42.

128 H. Kelsen, *Rezension zu* F. von Wieser, *Recht und Macht*, in: Archiv f. Sozialwissenschaft u. Sozialpolitik 31 (1910), S. 261.

129 H. Kelsen, *Rezension zu* A. Menzel, *Naturrecht und Soziologie*, in: Archiv f. d. Geschichte d. Sozialismus u. d. Arbeiterbewegung 5 (1915), S. 225-229.

130 Vgl. R. Treves, *Kelsen e la sociologia*, in: C. Roehrssen (Hrsg.), *Hans Kelsen nella cultura filosofico-giuridica del Novecento*, Roma 1983, S. 169 ff.

131 H. Kelsen, *Politische Weltanschauung und Erziehung* (1913), in: *W.r.S.*, Bd. 2, S. 1505.

nachdem, ob es ein starkes oder ein schwaches Ichgefühl besitzt, das fähig ist, sich im Anderen zu erkennen.

Kelsens Interesse für die Psychologie und für Freud macht auch – zumindest in der europäischen Phase – bestimmte erkenntnistheoretische Inkongruenzen verständlich, die auch für das Verhältnis Rechtswissenschaft–Soziologie relevant sind und von der Kritik im Zusammenhang mit dem von Kelsen unermüdlich behaupteten logischen Gegensatz zwischen der Welt des Seins und der Welt des Sollens, Empirie und Normativität, Soziologie und Rechtswissenschaft, hervorgehoben worden sind. In einer Replik auf Salomon, der einen Widerspruch hinsichtlich des Problems der Beziehung von Sein und Sollen, oder besser: einen Übergang «von einer Gegenüberstellung» zu einer «Verbindung», aufgezeigt hatte, behauptete Kelsen: «Der Standpunkt meines heutigen Referates [über die Demokratie] unterscheidet sich notwendigerweise von demjenigen meiner normtheoretischen Untersuchungen dadurch, daß im letzteren Falle meine Betrachtung ausschließlich auf eine einzige Ideologie, nämlich ein bestimmtes Normensystem gerichtet ist, während ich heute das Verhältnis der demokratischen Ideologie zu den als Demokratie bezeichneten positiven Verfassungen unterworfenen Menschen untersuche. Nennt man eine solche Problemstellung soziologisch, dann ist der soziologische Standpunkt mit dem normtheoretischen durchaus vereinbar».[132] Diese These war schon 1912 in der Kritik an Kantorowicz und Kornfeld erläutert worden, wo es heißt, Aufgabe der Soziologie müsse eine «psychologische Untersuchung» sein.[133]

Dies ist zweifellos eine argwöhnische Auffassung von Soziologie (oder jedenfalls des Selbstverständnisses der Rechtssoziologen), denn man stellt sich dabei wohl eher eine Individualpsychologie als ein Studium jener sozio-historischen Strukturen vor, die auch die Soziologie unter-

132 H. Kelsen, *Demokratie* (1927), jetzt in: *W.r.S.*, Bd. 2, S. 1774.

133 H. Kelsen, *Zur Soziologie des Rechtes. Kritische Betrachtungen*, in: Archiv f. Sozialwissenschaften u. Sozialpolitik, Bd. 34 (1912), S. 601-614 (614): «Daß eine derartige Soziologie des Rechtes, die, den obigen Richtlinien entsprechend, keineswegs auf die Untersuchungen der Wirkungen beschränkt ist, die das Bewußtsein der Rechtsnormen auf das Verhalten der Menschen hat, sondern auch den Ursachen der Entstehung der Rechtsnormen nachzugehen hätte, für die Rechtspolitik von größter Bedeutung wäre, braucht kaum hervorgehoben zu werden».

suchen möchte. Diese – Recht, Staat etc. – bleiben für Kelsen ausschließliches Objekt jener spezifischen Wissenschaft, die diese "Realitäten" in ihrer authentischen Dimension erfaßt und die rein formale, normative Wissenschaft ist und nur sein kann. Kelsen erkennt und will erkennen einerseits die einzelnen Individuen mit ihren realen Motivationen und ursprünglichen Impulsen,[134] andererseits die ideellen Phänomene wie eben Recht und Staat, Strukturen des Geistes. Diese Position findet sich auch in den *Hauptproblemen der Staatsrechtslehre* wieder, obgleich es hier zu einer noch ungenauen Spezifizierung der Soziologie als Untersuchung des Rechts als «massenpsychologische Tatsache»[135] kommt, während Kelsen später präzisieren wird, daß man nur von einer Individual-, aber nie von einer "Sozial"- oder "Massen"-Psychologie sprechen kann.[136]

11. Der Ursprung des Staates im Denken: Kelsens Hypothese der Grundnorm

In der 'klassischen' Phase der reinen Rechtslehre ist für Kelsen ein soziologischer Rechtsbegriff, sei er dem juristischen (normativen) auch nur an die Seite gestellt, ein Widersinn, denn die spezifisch rechtliche normative Einheit "Staat" kann nicht gedacht werden ohne die exklusive und fundierende Anwendung der rein rechtlich-formalen Betrachtungsweise. «Nur die irrige Vorstellung, daß die Soziologie überhaupt denselben Gegenstand wie die normative Jurisprudenz: das Recht, erfassen könne, führt zu der Vorstellung einer selbständigen Rechtssoziologie. Allein die Rechtsnorm, dieses spezifische Objekt der Rechtswissenschaft, ist einer auf das Sein gerichteten Soziologie überhaupt nicht gegeben (...). Ein soziologischer Begriff des Rechtes, von dem Ehrlich und mit ihm viele Neueren sprechen, ist ebenso möglich wie der mathema-

134 Vgl. Kelsen, *Weltanschauung* (Fn. 131), S. 1522 ff., insbes. zum Spieltrieb als Motivation zum Handeln und zum politischen Leben.

135 Kelsen, *Hauptprobleme* (Fn. 57), S. 42.

136 H. Kelsen, *Der Staatsbegriff und die Psychoanalyse* (1927), in: *W.r.S.*, Bd. 2, S. 209 ff.

tische Begriff eines biologischen Vorganges oder der sittliche Begriff des freien Falles. Gerade der Ehrlichsche Versuch zeigt deutlich, daß eine Soziologie des Rechtes zu einer Soziologie der Gesellschaft überhaupt wird, weil sich soziologisch der Begriff des Rechtes nicht abgrenzen läßt».[137] Anders gesagt, es gibt keine Rechtssoziologie: was unter diesem Namen gehandelt wird, kann nur eine experimentelle und induktive Psychologie sein.

Der Grund für die Unmöglichkeit einer soziologischen Definition von Staat oder Recht ist die Unfähigkeit der Naturwissenschaft (und die Soziologie ist für ihn eine Naturwissenschaft), jenen «Sinn für Wert und Autorität» zu erfassen, der «nur einer spezifisch normativen Betrachtungsweise eigen ist»:[138] «der Wert (ist) eben nicht durch eine kausale Betrachtung der Wirklichkeit erfaßbar (...) und (besteht) nur unter der Voraussetzung von Normen».[139] Angesichts der säuberlichen Trennung – auch im Gefolge Husserls – zwischen «geistigem Inhalt» und den psychischen Akten, denen er sich verdankt, ist für Kelsen Simmel der einzige Soziologe, dem es gelungen sei, die Unterscheidung von Form und Inhalt, Sein und Sollen, durchzuhalten.[140]

Hier ist demnach die Bedeutung von Kelsens "Formalismus", wie er ihn von Cohen[141] übernimmt, und seines Ausschlusses eines soziologischen Begriffes vom Staat (oder Recht) zu suchen, der kein Begriff des Staates ist, sondern einen solchen formalen und rechtlichen Begriff *voraussetzt*. Dieser Ausschluß ist Ausdruck der Zurückweisung einer konflikthaften Sicht des Staates (die in gewisser Weise nicht "ethisch", da nicht

137 H. Kelsen, *Eine Grundlegung der Rechtssoziologie*, in: Archiv f. Sozialwissenschaft u. Sozialpolitik 39 (1914/1915), S. 839-876 (876).

138 Kelsen, *Weltanschauung* (Fn. 131), S. 1506.

139 Kelsen, *Soziologie* (Fn. 133), S. 608.

140 Vgl. Kelsen, *Rezension zu* A. Menzel (Fn. 129), S. 229.

141 H. Kelsen, *Juristischer Formalismus und Reine Rechtslehre*, in: Juristische Wochenschrift 1929, S. 1723: «Wie jede Erkenntnis muß auch die Rechtserkenntnis ihren Gegenstand formalisieren. *Diesen* "Formalismus" kann ihr niemand zum Vorwurf machen. Denn gerade in diesem Formalismus liegt dasjenige, was man als Tugend dem als Laster verpönten "Formalismus" entgegenhält: liegt ihre *Sachlichkeit*. "Nur das Formale ist sachlich, je formaler eine Methodik ist, desto sachlicher kann sie werden. Und je sachlicher in der ganzen Tiefe der Sache ein Problem formuliert wird, desto formaler muß es fundamentiert sein" (Cohen, *Logik der reinen Erkenntnis*, S. 587)».

auf den Wert des Friedens begründet, wäre),[142] wie sie die soziologisch-naturalistische ist, sofern sie das dem Einfluß irrationaler, emotionaler Momente unterworfene menschliche Handeln zum Gegenstand hat. Die Soziologie ist die Untersuchung des Vielfältigen, des Nicht-Formalisierbaren, des Nicht-Rationalisierbaren: «Jede soziologische Untersuchung stellt der die Gesellschaft – als Einheit – erzeugenden Assoziation eine die Gesellschaft zerstörende Dissoziation entgegen».[143] Die Einheit kann nur durch die "reine" (im neukantianischen Sinn der ursprünglichen Reinheit der erkennenden Vernunft) Rechtswissenschaft bestimmt werden, denn nur vom formalen Standpunkt aus ist der Staat Einheit, Assoziation,[144] "Allheit", Rationalität und zwar in dem Maße, wie er jede "Persönlichkeit" und jeden "Mehrwert" gegenüber anderen Rechtssubjekten, die ihm unter- und auch, und vor allem, übergeordnet sind (die Föderation, die *civitas maxima* der internationalen Rechtsordnung etc.), verliert. Die individuellen Verhaltensweisen ergeben keine Einheit. Nur rechtlich: normativ kann eine einheitliche Ordnung konzipiert werden:[145] «Juristische Erkenntnis (...) setzt das Recht als ausschliessliches, in sich geschlossenes System, als eine Welt für sich. Innerhalb dieses Systems ist die Frage: Was ist Recht? als Frage nach einer spezifischen Differenz sinnlos, denn innerhalb dieses Systems gibt es nichts als Recht, alles ist Recht».[146]

Die Hypothese der Souveränität – der *Grundnorm*[147] – begründet oder eröffnet die Möglichkeit einer Wissenschaft von Recht und Staat. Das juristische Erkennen muß aber zugleich «das Recht als *exklusives* Sys-

142 Zu Sinn und Wert des Friedens bei Kelsen vgl. A. Carrino, *Kelsen e il problema della scienza giuridica*, Napoli 1987, S. 108 ff.

143 Kelsen, *Staatsbegriff* (Fn. 109), S. 7.

144 Lübbe, *Theorie* (Fn. 77), S. 102: «Schlüsselbegriff der Cohenschen Ethik ist die "societas". Der sittlich handelnde Mensch, von dem in der Ethik die Rede sein soll, dürfe „nicht nur als Individuum gelten". (...) Die "Einheit" des Menschen als Menschen liegt in der Einheit seiner Sittlichkeit, und diese ihrerseits hat ihre Realität im "Staat"».

145 Vgl. K. Engisch, *Die Einheit der Rechtsordnung* (1935), reprint Darmstadt 1987.

146 Kelsen, *Souveränität* (Fn. 98), S. 14.

147 Zu den Äquivalenzen "Grundnorm", "Ursprungsrechtshypothese", "Ursprungsnorm" vgl. F. Kaufmann, *Die Kriterien des Rechts*, Tübingen 1924, S. 129. Kaufmann bevorzugt, trotz des angepassten Gebrauchs, den Cohen davon macht, nur den

tem, in sich geschlossen, wie eine Welt für sich»[148] ursprünglich voraussetzen. Diese Voraussetzung, diese fundierende, fundamentale und originäre Hypothese, ist eben nichts anderes als die Souveränität selbst. Die Souveränität ist jedoch keine wahrnehmbare Tatsache in der äußeren Welt;[149] sie ist vielmehr ein Postulat – im Sinne Cohens eine Hypothese, eine Idee – und eine Voraussetzung der *reinen* juristischen Vernunft, nach der es keinerlei Notwendigkeit mehr gibt, die positive Rechtsordnung metajuristisch (auf Gott, in der Natur) zu begründen – und zwar nicht aus *positivistischen* oder roh empiristischen Gründen, sondern aufgrund jener historischen Entwicklung der mundanen Vernunft, die

ersten Ausdruck um Mißverständnisse der zeitlichen Beziehung zu vermeiden. Zu den Verwandlungen des Konzepts der "Grundnorm" s. R. Walter, *Su alcuni problemi di teoria del diritto alla luce della* Allgemeine Theorie der Normen *di Kelsen*, in: C. Roehrssen (Hrsg.), *Hans Kelsen nella cultura giuridico-filosofica del Novecento*, Roma 1983, S. 155; ders., *Der gegenwärtige Stand der Reinen Rechtslehre*, in: Rechtstheorie 1 (1970), S. 69-95. Heute wird verschiedentlich versucht, die "Konstitutivität" der Kelsenschen Grundnorm hervorzuheben. Für G. Carcaterra, *Le norme costitutive*, Milano 1974, S. 108, z. B. schreibt die Grundnorm nicht vor, «wie andere zu einem anderen Zeitpunkt das System bilden oder definieren müssten, sondern sie formt es, definiert es, konstituiert es unmittelbar». A.G. Conte, *Paradigmi d'analisi della regola in Wittgenstein*, in: R. Egidi (Hrsg.), *Wittgenstein. Momenti d'una critica del sapere*, Napoli 1983, S. 82, untersucht die Paronymien von "konstitutiv" bei Kelsen. Mir scheint einerseits, daß all das ganz außer Frage ist, insofern Kelsen selbst die Grundnorm als *Konstitution* definiert und sie von der *Verfassung* unterscheidet («Doch liegt die "Konstitution", d.h. die Konstituierung der einzelstaatlichen Rechtsordnung, die Begründung ihrer Einheit, eigentlich in der als Verfassung im rechtslogischen Sinn bezeichneten, nicht gesatzten, sondern nur vorausgesetzten Grundnorm»: Kelsen, *Staatslehre* [Fn.110], S. 249); andererseits scheint mir in alledem eine Gefahr zu liegen, insofern die Tatsache nicht genügend betont wird, daß diese Konstitution Konstitution der Einheit ist, d.h. daß das "erzeugte", "erschaffene" Objekt als solches nur im Prozeß des Erkennens, im Erkenntnisakt, ist, und daß man sich in dem Maße, wie man diese Produktivität über die Theorie hinaus ausdehnt (was Kelsen in Wahrheit genau beabsichtigt), etwas ganz anderem als einer reinen "positiven" Wissenschaft gegenübersieht, nämlich einem logisch-formalen Naturrechtsdenken, einem Ordnungsmodell, das einer rechtlich-normativen Methode entsprechend realisiert werden soll, und einem politisch-ethischen Projekt.

148 Kelsen, *Souveränität* (Fn. 98), S. 14. «So wird Souveränität zum Ausdruck für Einheit des Rechtssystems und Reinheit der Rechtserkenntnis»: Ders., *Staatslehre* (Fn. 110), S. 105 f.

149 Kelsen, *Souveränität* (Fn. 98), S. 14.

sie schließlich auf das Niveau einer produktiven Macht von hinreichender Kraft und Zuverlässigkeit gehoben hat, um eines Ausganges aus sich selbst und der Zuflucht zu äußeren hypostasierten Kräften nicht mehr zu bedürfen. Wissenschaft, Denken und wissenschaftliche Methode sind für Kelsen der fundamentale und fundierende Wert der modernen Zeit. Und die Wissenschaft *fundiert* die Rechtsordnung – den Rechtsstaat – nicht in dem Sinne, daß sie *tatsächlich* Normen (Gesetze, Maßnahmen, Entscheidungen etc.) erzeugt,[150] sondern derart, daß sie das Recht als ihren eigentümlichen *Erkenntnisgegenstand* erzeugt. Die Wissenschaft genügt sich selbst und sie genügt sich auch ethisch selbst; sie ist begründend und selbstbegründend (und dies ist ein entscheidender Punkt, der unmittelbar zum Problem des politischen Sinns der reinen Lehre führt) und sie verwandelt, was sie mit ihrer Methode, ihrer *Denkform* berührt wie Midas in *Einheit*[151] (des Erkenntnisobjekts), sofern sie ihren Ursprung, ihr Fundament in sich hat, im Denken, in der Vernunft.
Kelsen will auf diese Weise der Jurisprudenz die Autonomie und Würde einer authentischen Wissenschaft geben, was bis dahin bloß ein nicht völlig bewußtes Resultat war; ein Resultat der Auflösung der metaphysischen Einheit der *res publica christiana* in die säkularisierte und nunmehr konflikthafte Pluralität der Formen des Lebens und des Denkens, in den individualistischen Atomismus, dessen verknüpfendes Band als Erzeuger von *Realität* und *Wahrheit* nun allein die cartesianische Vernunft in ihren konsequentesten Entwicklungen zu sein scheint. Mit seiner Theorie der Grundnorm sucht Kelsen nur die logisch-transzenden-

150 Vgl. W. Ebenstein, *Die rechtsphilosophische Schule der reinen Rechtslehre*, Prag 1938, unv. Neudruck Frankfurt a.M. 1969, S. 18. Ausgeführt bei Kelsen, *Rechtswissenschaft* (Fn. 101), S. 181 ff.; ders., *Staatslehre* (Fn.110), S. 54; vgl. auch Jöckel, *Methode* (Fn. 89), S. 59; K. Larenz, *Rechts- und Staatsphilosophie*, Berlin 1931, S. 26.

151 «Einen Gegenstand erkennen und ihn als Einheit erkennen, bedeutet dasselbe. (…) daß die Einheit eines Normensystems zugleich dessen Einzigkeit bedeutet, ist nur eine Konsequenz des – wie für alle Erkenntnis, so auch für die Erkenntnis des Sollens, für die Normerkenntnis maßgebenden – Prinzips der Einheit, dessen negatives Kriterium die Unmöglichkeit des logischen Widerspruches ist»: H. Kelsen, *Die philosophischen Grundlagen des Naturrechts und des Rechtspositivismus,* Philosophische Vorträge, veröffentlicht von der Kant–Gesellschaft, Charlottenburg 1928, jetzt in: Die Wiener Rechtstheoretische Schule, Bd. 1 (Fn. 84), S. 305.

talen Bedingungen der traditionellen Methode des positiven juristischen Erkennens zusammenzufassen. In dieser Perspektive beerbt[152] die reine Rechts- und Staatslehre sicherlich – unabhängig von der Frage, ob Kelsen zur Zeit der Hauptprobleme Cohens Philosophie kannte oder nicht[153] – den deutschen Neukantianismus und repräsentiert die Begegnung dieser Philosophie als einer reinen Logik und Methodologie der Wissenschaft mit dem Positivismus des 19. Jahrhunderts eines Gerber, Laband oder Jellinek.

Die reine Rechtslehre ist im eigentlichen Sinne Methodenlehre der positiven Rechtswissenschaft, eine in ihrer Radikalität von der neukantianischen Philosophie Cohens, Natorps und Cassirers formulierte Methodologie. Wie das Atom der Naturwissenschaft, schreibt Kelsen 1922, so ist auch der Staat der Rechtswissenschaft «eine *Idee*, nicht die Idee des Rechtes im soziologisch- oder naturrechtlich-ethisch-metaphysischen Sinn, sondern eine logische Idee; die Idee der Einheit des Rechtes»,[154] die «in der Rechtswissenschaft durchaus die gleiche Rolle [spielt] wie der Begriff der Kraft in der Physik, der Begriff der Seele in der Psychologie, allgemein der Begriff der Substanz in der Naturwissenschaft»;[155] eine Idee, so zitiert Kelsen Cassirer weiter, «die zum Zwecke

152 Ich bin nicht sicher, ob es sich dabei wirklich um ein «spätes» Erbe handelt, wie H. Heller, *Die Krisis der Rechtsstaatslehre* (1926), jetzt in *Gesammelte Schriften*, Leiden 1971, Bd. 2, S. 18, meint.

153 Er habe sie nicht gekannt, behauptet Kelsen ausdrücklich in der *Vorrede* von 1923 zur 2. Auflage der *Hauptprobleme*, S. XVII, wo er jedoch auch erklärt, nur durch Cohens *Ethik* habe er «den entscheidenden erkenntnistheoretischen Gesichtspunkt» gewonnen, von dem ausgehend eine korrekte Bestimmung der Begriffe von Recht und Staat möglich war. Folgt man Robert Walter, der sich als Nachfolger Hans Kelsens präsentiert, hat Kelsen «zunächst seine Lehre begründet und dann auch danach betrachtet, sie auch philosophisch zu untermauern; so stieß er auf Kant und die verschiedenen Strömungen des Kantianismus, zuletzt auf die von Vaihinger eingeschlagene Richtung. Dabei ging es aber stets nur um die erkenntnistheoretische Basis der Lehre, nicht um ihren Ausbau im einzelnen»: R. Walter, *Die Rechtslehre von Kelsen und Verdross unter besonderer Berücksichtigung des Völkerrechts*, in Walter/Jabloner/Zeleny (Hrsg.), *Hans Kelsen und das Völkerrecht*, Wien 2004, S. 49.

154 Kelsen, *Staatsbegriff* (Fn. 109), S. 213.

155 Kelsen, *Staatsbegriff* (Fn. 109), S. 206 f.

der Ordnung der Erscheinungen konzipiert ist».[156] Wie die moderne Physik und Psychologie aus ihren Systemen *Kraft* und *Seele* als Substanzen und Hypostasierungen eliminiert haben, «so muß die Rechtswissenschaft den Staat als ein von der Rechtsordnung verschiedenes Wesen aus ihrem Bereich ausscheiden».[157]
Der Begriff des Staates ist nichts anderes als der Ausdruck der fundamentalen gegenstandserzeugenden Verstandesfunktion. Er wird nicht mehr als von Anfang an gegeben genommen, sondern als das Ergebnis einer dem Denken eigenen logischen Produktivität, die wohlgemerkt nicht die 'positiven' Rechtsnormen schafft, sondern deren Einheit als Einheit des Stoffes.[158] Der Staat wird so als Idee, genauer: *Ordnungsgedanke*,[159] in eine funktionale Erkenntnisrelation aufgelöst; die Souveränität (die Souveränität der *civitas maxima*)[160] ist die fundamentale Norm, die ursprüngliche Norm im logisch-formalen Sinn: eine *denknotwendige Hypothese*,[161] die die Einheit und Einheitlichkeit der Rechtsordnung schafft und determiniert (im vorliegenden Fall die universale, denn nach Kelsen wird erst vom Standpunkt des Primats des Völkerrechts der normative Charakter des Begriffs des nationalen Staates sichtbar).[162] Die Souveränität ist eine hypothetische Norm, d.h. eine konsti-

156 E. Cassirer, *Substanzbegriff und Funktionsbegriff. Untersuchung über die Grundfragen der Erkenntniskritik*, Berlin 1910, reprint Darmstadt 1980, S. 224.

157 Kelsen, *Staatsbegriff* (Fn. 109), S. 207 f.

158 Kelsen, *Staatsbegriff* (Fn. 109), S. 213. «Die Sterne sind nicht am Himmel gegeben, sondern in der Wissenschaft der Astronomie»: so H. Cohen, zitiert nach P. Natorp, *Hermann Cohens philosophische Leistung*, Berlin 1918, S. 9.

159 Kelsen, *Staatsbegriff* (Fn. 109), S. 91.

160 Vgl. Carrino, *Normenordnung* (Fn. 15), S. 62 ff.; ders., *Il problema della sovranità nell'età della globalizzazione*, Napoli 2011.

161 Kelsen, *Souveränität* (Fn. 98), S. 33: «Diese Ursprungsnorm, die ich als Verfassung im rechts-logischen Sinne bezeichne, ist eben die denknotwendige Hypothese jedes positiven Rechtssystems, jeder konkreten Rechts- oder Staatsordnung».

162 Kelsen, *Staatsbegriff* (Fn. 109), S. 105. «Nur durch eine den Primat des Völkerrechts begründende Hypothese wird die Einheit des Rechtes – und damit juristischer Erkenntnis – auf solche Weise gewahrt, daß die einzelstaatlichen Rechtsordnungen koordiniert, d.h. nebeneinander auf der gleichen Stufe der Rechtskonkretisation, oder mit anderen Worten: die Einzelstaaten als gleichartige und gleichgeordnete Verbände gleichzeitig vorgestellt werden können»: a.a.O., S. 87 f. Vgl. auch ders., *Souveränität* (Fn. 98), S. 151 ff.; *Staat und Recht. Zum Problem der soziologischen oder juristischen Erkenntnis des Staates*, (1922), jetzt in: W.r.S., Bd. 1, S. 167.

tutive Annahme, eine rein logisch-formale Vorstellung, die ihren Charakter der Hypothetizität[163] auf die Rechtsordnung als Ganzes überträgt und vom logisch-transzendentalen Standpunkt aus nichts anderes bedeutet als Rechtmäßigkeit: ideale *Reinheit*, logische Kohärenz, das Fehlen von Widersprüchen. Nun: darf man die so begriffene Grundnorm mit Cohens Staatsideal schon deshalb gleichsetzen, weil sie als «das spezifisch neukantianische Element in der Theorie Kelsens»[164] beschrieben wird? Nein, glaube ich, da der Grundnorm Kelsens «im Gegensatz zum Cohenschen Staatsideal keine ethische Begründungsfunktion zukommen kann, da sie auf der Ebene der theoretischen Vernunft angesiedelt ist».[165] Und so ist die Unterscheidung von Sein und Sollen für Cohen keine so absolute und radikale – wie bei Kelsen –, daß er nicht auch dem Sollen ein Sein zuspräche: «Das Recht ist für ihn zwar kein System von Realitäten des Lebens, aber von Wertbedeutungen, die nicht bloße Begriffe, Abstraktionen sind».[166]

163 Vgl. Ebenstein, *Schule* (Fn. 150), S. 85. «Die Geltung des positiven Rechts ist demnach letzten Endes im Gegensatz zum Naturrecht bloss hypothetisch». «Räumt man nämlich ein, daß der rechtliche Charakter der Grundnorm bloß hypothetisch ist, dann wird der rechtliche Charakter des ganzen Systems hypothetisch»: R. Quadri, *Diritto internazionale pubblico*, Napoli 1974, S. 41. Vgl. auch Walter, *Stand* (Fn. 147), S. 69 ff., für den es den Anschein hat, «als ob die Rechtsordnung in der reinen Lehre Kelsens, auf der Basis der Ursprungshypothese, eine Ordnung gesollter Verhaltensweisen sei».

164 So M. Pascher, *Einführung in den Neukantianismus*, München 1997, S. 169.

165 Müller, *Rechtsphilosophie* (Fn. 70), S. 132.

166 H. Isay, *Rechtsnorm und Entscheidung*, Berlin 1929, S. 48. Vgl. auch Wielikowski, *Neukantianer* (Fn. 39), S. 126.

Prof. Dr. Agostino Carrino

3.4.1950	geb. in Salerno, Italien
1968-1973	Studium der Rechtswissenschaft
1974	Promotion zum Dr. jur. in Neapel („Hegel und der Staat")
1975	Erstes Juristisches Staatsexamen in Neapel
1975-1980	Assistent an der Juristischen Fakultät in Neapel
1980-1981	Studium an der Universität des Saarlandes bei Prof. Dr. Alessandro Baratta
1982	Professore associato für Methodenlehre der Rechtswissenschaft an der Juristischen Fakultät der Universität Neapel Federico II
1982-1986	Visiting Professor an der Universität des Saarlandes (Institut für Rechts- und Sozialphilosophie)
1988	Visiting Professor an der San Diego State University, Calif. (Department of Philosophy)
1989	Visiting Professor an der Washington University, St. Louis, Mo. (Department of Law)
	Begründung der Reihe "Diritto e cultura. Per la storia della filosofia sociale tedesca" (Esi Verlag, Neapel)
1991	Visiting Professor an der Washington University, St. Louis, Mo. (Department of Law)

1992	Visiting Professor an der Universidad Autonoma de Barcelona (Departamento de Derecho)
1994	Ordentlicher Professor für Öffentliches Recht und Staatslehre an der Universität Neapel Federico II
1996	Gastprofessor für Staatslehre an der Universität Wien
1998	Begründung der wissenschaftlichen Reihe „Leviathan" (Guida Verlag, Neapel)
1999	Mitglied der Prüfungskommission für Richter beim italienischen Rechnungshof
2000-2010	Mitglied von Prüfungskommissionen für a.o. und o. Professoren in italienischen Universitäten
2002	Gastprofessor an der Universität Paris-X Begründung der wissenschaftlichen Reihe „Jus publicum europaeum" (Giappichelli Verlag, Turin)
2006	Gastprofessor an der Universität von Paris-XI
2009	Gastprofessor an der Universität von Paris-II (Panthéon Assas) Herausgeber der Sektion über die Deutsche Rechtsphilosophie im 20. Jahrhundert (Springer Verlag)
2010	Gastprofessor an der Universität von Paris-II (Panthéon Assas) Begründung der Zeitschrift „Leviathan" (Guida Verlag, Neapel)
2011	Gastprofessor an der Universität von Paris-Ouest

Wichtige Veröffentlichungen

Stato e filosofia nel marxismo occidentale. Saggio su Karl Korsch, Napoli, Jovene, 1981 pp. XII-329.

L'irrazionale nel concetto. Comunità e diritto in Emil Lask, Napoli, ESI, 1983, pp. 196.

L'ordine delle norme. Stato e diritto in Hans Kelsen, 1984, dritte, erw. Auflage, Napoli, ESI, 1992, pp. 374.

Kelsen e il problema della scienza giuridica, Napoli, ESI, 1987, pp. 161.

Scienza e politica nella crisi della modernità, Roma, Edizioni Lavoro, 1989, pp. 275.

Ideologia e coscienza. Critical Legal Studies, Napoli, ESI, 1993, pp. 151.

Die Normenordnung. Staat und Recht in der Lehre Kelsens, Wien-New York, Springer Verlag, 1998, pp. 181.

Sovranità e costituzione nella crisi dello Stato moderno, Torino, Giappichelli, 1998, pp. 331.

Carl Schmitt and European Juridical Science, in C. Mouffe (ed.), *The Challenge of Carl Schmitt*, London, Verso, 1999, pp. 180-194 (dt. Übers. in *Staat und Recht*. FS G. Winkler, Wien-New York, Springer Verlag).

Democrazia e governo del futuro, Roma, Edizioni Lavoro, 2000, pp. 181.

L'Europa e il futuro delle costituzioni, Torino, Giappichelli, 2002, pp. 230.

Oltre l'Occidente. Critica della Costituzione europea, Bari, Dedalo, 2005, pp. 224.

Rechtstaat und Demokratie in der Verfassung von Liechtenstein, Torino, Giappichelli, 2009, pp. 176.

Ideologie und Werte in der europäischen Menschenrechtekarta, in Plures, *Der Wert des menschlichen Lebens im XXI. Jahrhundert*, Wien, Ealiz, 2010, pp. 131-151.

La destra e le libertà, Napoli, Guida, 2010, pp. 356.

La giustizia come conflitto. Crisi della politica e Stato dei giudici, Milano, Mimesis, 2011, im Druck.

Übersetzungen ins Italienische, etwa von Werken Hans Kelsens (u.a. *Hauptprobleme der Staatsrechtslehre*, *Das Problem der Souveränität*, *Der juristische und der soziologische Staatsbegriff*).

Zeitfracht Medien GmbH
Ferdinand-Jühlke-Straße 7
99095 Erfurt, Deutschland
produktsicherheit@kolibri360.de